La
FE
de Barack Obama

Después de 4 años como presidente

Revisado y actualizado

Stephen Mansfield

Publicado en Nashville, Tennessee, Estados Unidos de América. Grupo Nelson, Inc. es una subsidiaria que pertenece completamente a Thomas Nelson, Inc. Grupo Nelson es una marca registrada de Thomas Nelson, Inc. www.gruponelson.com

Título en inglés: *The Faith of Barack Obama*
© 2008, 2011 por Stephen Mansfield
Publicado por Thomas Nelson, Inc.

Diseño de página: *Walter Petrie*
Traducción y adaptación del diseño al español: *Grupo Nivel Uno, Inc.*
Fotografía dentro del libro provista por AP Images.

ISBN: 978-1-60255-742-0

Impreso en Estados Unidos de América

12 13 14 15 16 BTY 9 8 7 6 5 4 3 2 1

A Beverly, la canción de mi vida

Contenido

La vida de Barack Obama, cronología

1961   Nace en Honolulu el 4 de agosto. Su madre, Ann Dunham, tenía dieciocho años y su padre, Barack Obama Sr. fue el primer estudiante africano en la Universidad de Hawai.

1964   Los padres de Barack se divorcian. Barack tenía dos años.

1966   Ann se casa con Lolo Soetoro.

1967   Barack y su madre se mudan a Indonesia.

1971   Regreso a Honolulu e ingreso a la Escuela Punahou. Divorcio de Ann y Lolo Soetoro.

1979   Ingreso a la Universidad Occidental de Los Ángeles

1981   Cambio a la Universidad de Columbia en Nueva York.

1982   Barack Obama Sr. muere en un accidente automovilístico en Kenia, a los cincuenta y dos años.

1983   Barack se gradúa en la Universidad de Columbia y comienza a trabajar como escritor y analista en Business International Corporation.

1985   Inicia su trabajo con el Proyecto de Comunidades en Desarrollo en Chicago.

       Comienza a asistir a la Iglesia Unida de Cristo La Trinidad.

1987   Lolo Soetoro, padrastro de Barack, muere de una afección hepática en Indonesia. Ingresa a la Escuela de Derecho de Harvard a los 27 años de edad.

1990   Barack es designado presidente del Harvard Law Review, y es el primer afroamericano en ocupar ese puesto.

1991   Barack se gradúa de Harvard y regresa a Chicago.

1992   Se casa con Michelle Robinson. Fallecimiento de Stanley Dunham, abuelo de Barack.

1993   Comienza a trabajar con Miner, Barnhill & Galland, el estudio jurídico de Chicago.

1995   Publicación de *Los sueños de mi padre*, con cierta aceptación y atención. Fallecimiento de Ann Dunham Soetoro, el 7 de noviembre, a causa de cáncer de ovarios.

1996   Es elegido senador del Estado de Illinois desde Hyde Park.

2000   Pierde una elección primaria para el congreso, contra el titular del cargo, Bobby Rush.

2004   El 27 de julio da un discurso en la Convención Demócrata, que le lanza como protagonista en la escena nacional. El 2 de noviembre gana la elección general de Illinois para el senado de Estados Unidos. Nueva publicación de *Los sueños de mi padre*, con gran aclamación.

2006   Publicación de *La audacia de la esperanza*, que se convierte en un éxito de ventas.

2007   El 10 de febrero anuncia su candidatura a la presidencia de Estados Unidos.

2008   El 4 de noviembre, es elegido presidente de Estados Unidos de América.

2009   El 20 de enero es investido como el cuadragésimo cuarto presidente de Estados Unidos de América.

Introducción

Fue el 18 de agosto de 2010 que los titulares de los noticieros y periódicos del día anunciaron algo que la Casa Blanca de Obama no quería oír. Una nueva encuesta nacional realizada por el Centro de Estudios Pew revelaba que una enorme cantidad de estadounidenses sentían confusión —en el mejor de los casos— con respecto a la vida religiosa del presidente Obama. En el peor de los casos, directamente estaban convencidos de que este mentía en cuanto a sus creencias. El 43% de los estadounidenses afirmaba no tener idea de cuál era la religión del mandatario. Un tercio de los adultos, casi un 34%, creía que era cristiano, tal como lo afirmaba, pero la cifra revelaba un descenso de credibilidad porque el año anterior ese porcentaje había sido de 48. Lo más perturbador de todo era que el 18% afirmó estar convencido de que el presidente era musulmán, lo cual representaba un 11% más de quienes lo creían en marzo de 2009, pero en el total de la población estadounidense, esa cantidad representaba casi una quinta parte.[1]

Los consejeros principales de Obama estaban asombrados. ¿Cómo podía ser? Barack Obama se había esforzado por exponer su fe ante la mirada del público, tanto como cualquier otro presidente en la historia reciente. Había habido no uno, sino dos libros que fueron éxitos de ventas, *Los sueños de mi padre* y *La audacia de la esperanza*, donde Obama describía su camino espiritual con infinidad de detalles. Y también estaba la controversia del reverendo Jeremiah Wright, durante la campaña de 2008, que había dado como resultado el discurso de *A More Perfect Union* [Una unión perfecta], que había causado el éxito rotundo de Obama en las encuestas, destacándolo como un candidato presidencial de transparencia religiosa. Además, había que contar con el Foro de Fe Presidencial en el que el candidato Obama le había dicho a Rick Warren, de la Iglesia Saddleback de California del Sur, que confiaba en Jesucristo en cuanto al perdón de sus pecados. Y como si con eso no bastara, Obama le había pedido a Warren que orara el día de su asunción al cargo, junto al obispo de la Iglesia Episcopal.

Era claro que estas afirmaciones públicas en cuanto a su fe, si se podía creer en el Foro Pew, no habían dejado una impresión duradera en el público. Pero lo que más frustrante era para el equipo de Obama, sin embargo, eran las convincentes demostraciones de fe que nadie había difundido y que los medios, poco afectos a lo religioso, casi no habían mostrado al público. ¿Por qué no era de público conocimiento, por ejemplo, que desde su asunción, Obama daba todos los años un discurso de Pascua con su opinión sobre la resurrección de Jesucristo, con tanta pasión y convicción personal que muchos de los que lo escuchaban irrumpían en llanto? ¿Por qué no informaba la prensa que la fe del presidente se veía apoyada por algunos de los líderes cristianos más famosos de estos tiempos? Y en cuanto a la acusación de que Obama seguía siendo musulmán, ¿no les había dicho a todos, a todo el mundo islámico en su famoso discurso del Cairo en junio de 2009: «Soy cristiano»? ¿Qué más tenía que hacer el hombre para que no hubiera dudas en cuanto a su religión?

Con todo, las cifras no mentían. Un funcionario de la Casa Blanca dijo, exasperado: «Hace poco más de año y medio que es presidente, y se acercan las legislativas, pero vemos que casi la mitad de los estadounidenses no tiene idea de qué es lo que cree Obama, en términos de religión. ¡Y una quinta parte cree que miente! ¡Que no es cristiano! Fallamos y lo sabíamos. También conocíamos las reglas del nuevo juego. La fe del político entra en el juego, como parte del paquete, parte de lo que le hace atractivo. Y como lo sabíamos, sabíamos que estábamos en problemas».[2] Así era, de hecho.

Pasados menos de tres meses, Obama y sus copartidarios demócratas recibieron una «paliza» en las elecciones legislativas, perdiendo prestigio y control en el Congreso, en una de las derrotas electorales más notorias de la historia de Estados Unidos. Las encuestas mostraban que la religión había tenido mucho que ver, en la conformación del influyente Tea Party, en la razón por la que los votantes preferían el lado conservador del espectro político, y en la desconfianza y sospecha con que muchos norteamericanos veían la administración de Obama.

También era inquietante que los consejeros espirituales y el personal superior de Obama sabían que lidiaban con algo mucho más difícil que la endeble fortuna política del Partido Demócrata. Esto tenía que ver con un sentimiento, un sentimiento amorfo, de que Barack Obama no era de los nuestros, que era extranjero, que estaba muy lejos de las creencias religiosas norteamericanas. Y parte de ello, claro está, era a causa del exótico origen de Obama, y su raza. Pero también se debía a que bastantes norteamericanos sentían y creían en lo más profundo que este presidente sencillamente no era quien decía ser. Era injusto. Y quizá hasta frustrante. Pero los consejeros de Obama sabían que tendrían que vencer este obstáculo en la percepción de la gente.

> *Hace poco más de año y medio que es presidente, y se acercan las legislativas, pero vemos que casi la mitad de los estadounidenses no tiene idea de qué es lo que cree Obama, en términos de religión. ¡Y una quinta parte cree que miente! ¡Que no es cristiano!*

Para los que ya sospechaban, había evidencia de la infidelidad religiosa del presidente. Porque a poco de entrar en la Casa Blanca, Obama y su familia habían decidido no asistir a una iglesia del área de Washington D.C. debido al caos que se producía si lo hacían, algo que imposibilitaba a la iglesia en su funcionamiento. Más bien, preferían asistir, cuando les era posible, a la capilla Evergreen, un santuario pequeño, sin grandes descripciones, ubicado en Camp David, refugio privado del presidente. Claro que esto significaba que no había fotografías del presidente saliendo de una iglesia cada domingo, saludando al clérigo, con la Biblia en la mano, o sonriendo ante las cámaras. Muchos norteamericanos suponían que el presidente se quedaba en casa en el día de descanso. Estaban además los Seders judíos y los servicios del Diwali hindú, o las cenas del Ramadán musulmán, que organizaba la Casa Blanca de Obama. Sí, el evangélico George W. Bush también había organizado eventos así, pero había algo que hacía que se sospechara más de Obama cuando la «Casa del Presidente» recibía invitados de religiones no cristianas. Los opositores políticos de Obama tampoco ayudaban mucho, con sus afirmaciones como la de Mike Huckabee en una entrevista de la American Family Radio en marzo de 2011: «Ya he dicho muchas veces, en público, que creo que él [Obama] tiene una visión del mundo diferente, y pienso que en parte, se formó porque ha tenido una experiencia bien distinta. La mayoría de los norteamericanos íbamos a las reuniones de los Boy Scouts cuando éramos niños, y ya sabes, nuestras comunidades estaban llenas de clubes de rotarios y no de madrassas».[3] Sí, es verdad que no hay evidencia de que Barack Obama asistiera a una madrassa, que es una escuela bastante estricta para los jóvenes musulmanes. Pero eso no parecía tener importancia. Obama era de piel oscura, y su historia familiar era más oscura todavía, de modo que bien podía provenir del lado oscuro, en términos espirituales. Lo que se rumoreara, quedaba como verdad.

> *Obama era de piel oscura, y su historia familiar era más oscura todavía, de modo que bien podía provenir del lado oscuro, en términos espirituales.*

Y las actividades del presidente en ejercicio también resultaban convincentes para los que desconfiaban de la religión de Obama. Porque parecía no haber oído jamás de un aborto que él no apoyara en lo personal. Tampoco había querido tomar posición en lo de la ley de defensa del matrimonio. Y apoyaba a la causa palestina, que urgía al retorno de las fronteras del estado palestino en los días previos a la Guerra de los Seis Días de 1967, en lugar de defender la integridad territorial de Israel, como lo habían hecho otros presidentes. En pocas palabras, las políticas de Obama no parecían surgir del suelo fértil de la fe, como habían intentado hacerlo Reagan, Bush e incluso Carter.

Los consejeros de Obama intentaban descartar estas acusaciones, pero sabían con certeza que las cosas habían cambiado. Habían perdido terreno en esto de la religión del presidente, y las cosas no se veían bien. Podían echarle la culpa al secretario de prensa y su equipo, pero sabían que el aparato de las relaciones públicas de un gobierno pocas veces sabe manejar bien el asunto de la religión de la familia del presidente. Porque la gente del presidente suele cometer torpezas al hablar del tema y la prensa las comete cuando da la información. Así que no se trata de un juego en el que se pueda ganar.

Aun así, tendrían que recuperar el terreno perdido en el ámbito de la religión. Casi todos sus opositores republicanos eran personas para las que la fe religiosa conformaba un tema de suma importancia y había muchos que querrían hacer blanco en Obama. No, las preguntas sobre la fe del presidente y el por qué de su fe, no iban a desaparecer. De hecho, se harían más intensas y tal vez servirían de marco a determinadas percepciones que con el correr del tiempo definirían la presidencia de Obama, tanto en su carrera por la reelección como tal vez, en las páginas de la historia.

<hr/>

Enfrentados a estas dificultades crecientes, resultaba agradable para algunos del personal de la Casa Blanca —y en particular para los que habían acompañado al presidente durante muchos años— el recuerdo de los primeros tiempos, en que un joven Barack Obama, lleno de entusiasmo, se había dado a conocer, anunciando también sus intenciones religiosas a una nación que lo adoraba. Eso había sido un martes nublado de julio de 2004. Esa tarde, Barack Obama cumplía con la habitual ronda de reuniones antes de su discurso esa noche en la Convención Nacional Demócrata de

Boston. Había llegado a pedido de John Kerry quien, al reunirse con Obama, supo enseguida que el joven podría muy bien convertirse en el rostro del futuro del Partido Demócrata. Kerry quería que la historia y convincente oratoria de Obama estuvieran presentes en el simbólico desfile de la convención que en ese momento se mostraba al mundo.

Esa tarde Obama caminó por las calles de Boston junto a su amigo, el empresario Martin Nesbitt, de Chicago. Cada vez que se detenían, una multitud ansiosa les rodeaba e intentaba acercarse cada vez más al delgado senador moreno, representante del estado de Illinois.

—¡Es increíble! —exclamó Nesbitt—. ¡Pareces una estrella de rock!

Volviéndose a su amigo, Obama respondió:

—Si piensas que lo de hoy está bueno, espera a ver qué pasa mañana.

—¿A qué te refieres? —preguntó confundido Nesbitt.

—Mi discurso es bastante bueno —explicó Obama. Era claro que ya tenía cierta idea de cuál sería su destino.[4]

Esa noche, después de que lo presentara el senador de Illinois Dick Durbin, como «el hombre que puede ayudar a sanar las divisiones que hay en nuestra nación», Barack Obama se acercó al podio para dar el discurso que, sabía, resonaría en la nación entera. Diecisiete minutos más tarde, había tomado ya un lugar decisivo en el escenario político de Estados Unidos.

> *«Adoramos a un Dios maravilloso en los Estados Azules».*
>
> *Aunque eran solo pocas palabras entre muchas que usó, la intención de Obama era la de hacer sonar la trompeta de la fe.*

Fue, en todos los aspectos, el mejor discurso de la convención, del tipo de los que muchos políticos desearían dar al menos una vez en sus vidas. Aunque Obama no dejó de elogiar el heroísmo superior de John Kerry y la justicia de los valores del Partido Demócrata, lo hizo en un tono de sabiduría, casi como si hablara de un partido que le era ajeno. También admitió que el gobierno tenía limitaciones para resolver problemas y convocó a la finalización de las peleas políticas que rasgaban el alma de la nación. Las Escrituras y la poesía de la experiencia estadounidense surgían con gracia entre las palabras, y todo esto, inmerso en el relato de la historia de su vida, con lo que podría significar para la gente la promesa de un «muchachito delgado con nombre raro, que cree que para él también hay un espacio en Estados Unidos».

Se desenvolvió con maestría y para quienes lo escucharon buscando el tono de la fe, hubo una oración que marcó uno de los temas definitorios en la vida de Barack Obama. Fue algo que dijo cerca del final del discurso, en un momento en que Obama criticaba a los expertos que dividen a la nación en estados colorados, conservadores y republicanos, y estados azules o que suelen votar por los demócratas. Al comienzo de un pasaje arrollador, que revelaría la insensatez de tales etiquetas, Obama dijo con regocijo: «Adoramos a un Dios maravilloso en los Estados Azules».

Esa frase quedó casi sepultada entre los floridos giros retóricos que le siguieron. Pero aunque eran solo pocas palabras entre muchas que usó, la intención de Obama era la de hacer sonar la trompeta de la fe en una convocatoria que ya, decía, no dividiría al país entre la Derecha Religiosa y la Izquierda secular. En cambio, la Izquierda Religiosa estaba encontrando su voz: *También nosotros tenemos fe, proclamaban. Los que estamos en la Izquierda de la política, que creemos que la mujer tiene derecho a decidir si aborta o no y defendemos los derechos de nuestros amigos homosexuales y que nos interesamos por los pobres y confiamos en que un gobierno grande puede ser una herramienta de justicia... también amamos a Dios. También tenemos pasión espiritual y creemos que nuestra visión para Estados Unidos surge de una fe vital. Ya no se nos tildará de no creyentes. Ya no podrán hacer que cedamos el terreno de lo espiritual. Porque la Derecha Religiosa no tendrá más nada que decirnos al respecto.*

Fue un intento consciente por reclamar la voz religiosa de la Izquierda estadounidense. Esas pocas palabras tenían por objetivo hacerse eco del sonido de los pasos de las monjas y clérigos que marcharon junto a Martin Luther King Jr., de los fieles religiosos que protestaron contra la Guerra de

Vietnam, o que habían ayudado a levantar los sindicatos o que oraban con César Chávez. Barack Obama levantaba la bandera de lo que espera será la política basada en la fe, como política de una nueva generación. Y llevará esa bandera hasta el nivel de poder que le permitan su Dios y el pueblo estadounidense.

LA FE QUE ALIMENTA ESTA VISIÓN SURGE DE LAS VERDADES QUE OBAMA fue aprendiendo con gran esfuerzo durante su propio viaje espiritual. Es que fue criado por abuelos que eran escépticos religiosos y por una madre que veía la fe con ojos de antropóloga, sosteniendo que la religión es una fuerza importante en la historia humana y hay que entenderla, se comparta o no. Obama creció dentro de la confortable tolerancia religiosa de las islas de Hawai, y la multicultural Indonesia de fines de la década de 1960 y principios de los 70. En su juventud, la crisis para él estaba más en el campo de lo racial y no tanto en el de la religión. Como hijo de madre blanca estadounidense y padre africano y de color, que dejó a la familia cuando Barack tenía solo dos años, se sentía demasiado blanco como para poder sentirse cómodo con sus amigos de color, y demasiado negro como para encajar con facilidad en el mundo blanco de sus abuelos y su madre. Era un hombre sin país.

Barack vivió como exiliado emocional, perseguido por la falta de pertenencia a lo largo de sus años de universitario y también durante su perturbadora experiencia como organizador de comunidades en Chicago. No fue sino hasta que se arraigó en el suelo de la Iglesia Unida de Cristo La Trinidad en el sur de Chicago que empezó a encontrar que su soledad sanaba y surgían respuestas a la visión incompleta que tenía del mundo. Por primera vez vivió lo que era la conexión con Dios y la afirmación como hijo de África. También se veía expuesto a una apasionada teología afrocéntrica y al mandato cristiano de la acción social que dio forma permanente a sus convicciones políticas. A través de la Iglesia La Trinidad encontró el místico país que tanto había anhelado su alma.

Sin embargo también descubrió que en ese país fluía un torrente de amargura. Pronto pudo entender que el cristianismo amplio de la Iglesia La Trinidad se veía impregnado de un definidor, si se puede entender, espíritu de ira: contra la Norteamérica blanca, contra una historia de sufrimiento de los negros y contra un gobierno estadounidense que siempre había vivido por debajo de la promesa de sus visionarios fundadores. Si Obama se negaba a beber de estas amargas aguas, sus mentores por cierto bebían de ellas a diario. El pastor principal, doctor Jeremiah A. Wright Jr. había dado voz poética durante décadas a este enojo de su pueblo y cuando sus sermones llegaron al público estadounidense general durante la campaña presidencial de Obama en 2008, Barack pasó por la peor crisis de su candidatura.

Fue criado por abuelos que eran escépticos religiosos y por una madre que veía la fe con ojos de antropóloga, sosteniendo que la religión es una fuerza importante en la historia humana y hay que entenderla, se comparta o no.

Obama se negó inicialmente a abandonar a su pastor, a pesar de las críticas que lo asediaron desde ambos bandos, la Derecha y la Izquierda. Tampoco abandonó su rol de defensor de la Izquierda Religiosa y en esto, supo manejar el momento apropiado a la perfección porque los vientos religiosos de la política estadounidense recién estaban cambiando.

A MEDIDA QUE SE DESARROLLABA LA TEMPORADA DE LA CAMPAÑA presidencial de 2008 la Derecha Religiosa, coalición de conservadores sociales basados en la fe que habían definido el debate religioso en la política de Estados Unidos durante casi tres décadas, vivía su peor momento. Habían fallecido poco tiempo antes Jerry Falwell y D. James Kennedy, respetados padres del movimiento. Otros líderes habían quedado mal a causa de escándalos o conductas necias. Ted Haggard, presidente de la influyente Asociación Nacional de Evangélicos había caído en desgracia por inmoralidad sexual y abuso de drogas. Pat Robertson, quien fuera la voz líder de la Derecha Religiosa, se ganó el desprecio nacional por haber instado al asesinato de Hugo Chávez de Venezuela y luego insinuado que el primer ministro israelí Ariel Sharon estaba en coma porque Dios estaba enojado por las políticas israelíes de la «tierra por la paz». Era claro que los grandes del movimiento ya no estaban en el centro de la escena, pero tampoco se vislumbraba heredero alguno surgido de la nueva generación de líderes nacionales.

Ya no había unión en la Derecha Religiosa y al no poder hablar al unísono, los líderes decidieron apoyar por su cuenta a diversos candidatos republicanos. Pat Robertson, acérrimo luchador contra el aborto, apoyó a Rudy Giuliani, el único candidato republicano que favorecía la libre elección en esta cuestión. Bob Jones III, líder de la muy fundamentalista Universidad Bob Jones, apoyó al único candidato mormón, Mitt Romney. El hacedor de reyes de la Derecha Religiosa desde hace mucho tiempo, James Dobson, emitió declaraciones que atacaron primero a Fred Thompson y luego a John McCain, para luego apoyar a Mike Huckabee, tan solo un mes antes de que el ex gobernador abandonara la carrera demasiado tarde como para que de ello surgiera algo bueno. Y lo extraño fue que en la Derecha Religiosa había pocos que demostraran interés en Huckabee, ex predicador bautista que hablaba abiertamente de su fe y elogiaba las virtudes de la política basada en la fe. De los demás pastores más destacados en la nación, Joel Osteen y T. D. Jakes se esforzaron por permanecer apartados de la política en tanto Rick Warren y Bill Hybels se esforzaron mucho en mostrar que eran sensibles y en ciertos casos simpatizaban con las prioridades de la Izquierda Religiosa, en particular de la manera en que las expresaba Barack Obama.

El desgarro en las entrañas de la Derecha Religiosa empeoró debido a un hecho sorprendente: los votantes evangélicos, que durante décadas habían sostenido la política de los republicanos, empezaron a abandonar el partido. Para febrero de 2008 el respetado encuestador y analista cultural George Barna informaba que «si la elección fuera hoy, la mayoría de los votantes nacidos de nuevo elegirían como presidente al representante del Partido Demócrata». Aunque en la elección de 2004 George W. Bush había recibido el beneplácito del 62% del voto cristiano «nacido de nuevo», a diferencia del 38% que votó por John Kerry, en 2008 solo un 29% de los votantes nacidos de nuevo declaraban su compromiso con los candidatos republicanos. Casi un 28% reportaba no saber todavía por quién votar, en tanto más del 40% ya había decidido que su voto iría a favor de un candidato demócrata.[5] Los escándalos, la pérdida del liderazgo y las desventuras de la administración de Bush parecían convencer a los votantes evangélicos para que dejaran sus tradicionales anclajes justamente en el momento en que el candidato Barack Obama proclamaba un nuevo tipo de política basada en la fe.

Junto a la disolución de la influencia de la Derecha Religiosa estaban las preferencias religiosas de una nueva generación que los estudiosos de la demografía afirmaban que votaría masivamente estableciendo cifras inauditas. Las encuestas indicaban que la mayoría de los estadounidenses de entre diecisiete y veintinueve años tenía por intención votar por un demócrata en 2008 y que Barack Obama era su principal opción.[6] Por otro lado, no se trataba tan solo de una victoria política, sino de la poco ortodoxa espiritualidad de Barack, que los había convencido. En términos religiosos la mayoría de los jóvenes estadounidenses son postmodernos, lo cual significa que para ellos la fe es como el jazz: informal, ecléctica y a menudo sin un tema. Han rechazado mayormente la religión organizada a

> *Cuando Obama habla de cuestionar ciertos principios de su fe cristiana la mayoría de los jóvenes se identifican con él al instante, y adoptan la fe no tradicional suya como base de sus preferencias políticas por la Izquierda, y las de ellos.*

favor de una imitación religiosa que para ellos sí funciona. No les parece mal conformar una fe personal a partir de diversas tradiciones religiosas por encontradas que sean, y muchos asumen su teología de la misma manera en que se contagian un resfrío: a través del contacto casual con desconocidos. Por eso, cuando Obama habla de cuestionar ciertos principios de su fe cristiana o de la importancia de la duda en la religión, o de su respeto por las religiones no cristianas, la mayoría de los jóvenes se identifican con él al instante, y adoptan la fe no tradicional suya como base de sus preferencias políticas por la Izquierda, y las de ellos.

Estos tres cambios históricos, que incluyen la pérdida del liderazgo nacional de la Derecha Religiosa, la preferencia de los votantes nacidos de nuevo ahora por el Partido Demócrata, y la inclinación de jóvenes votantes religiosamente liberales a favor de Obama, han cambiado el rol de la religión en la elección de 2008. Para la Izquierda Religiosa que reclama su propia voz política, el mercado de las ideas religiosas en la política estadounidense estuvo más abierto que en cualquier otra época dentro de una misma generación. Barack Obama supo aprovechar esta realidad.

SIN EMBARGO, ESO HABÍA SIDO EN AQUELLOS DÍAS TAN CRUCIALES DE LA campaña de 2008, cuando el exótico trasfondo de la vida de Obama y la búsqueda espiritual que lo inspiró, resultaban tan atractivos para millones de norteamericanos. Se habían sentido atraídos, en parte, porque ese viaje espiritual tal como él lo relataba en sus libros y discursos contenía todos los temas acuciantes que desde la historia y la literatura humana siempre habían estado allí: el anhelo de encontrar la paz, la añoranza de tener un padre, la esperanza de encontrar su destino. En una generación sin padres y sin riendas, Obama casi era quien representaba a todos, en una heroica gesta de búsqueda espiritual. Los estadounidenses son un pueblo nacido de una visión religiosa y en Obama encontraban a un compañero de viaje, a un hombre que estaba a la vanguardia de una nueva era de espiritualidad para Estados Unidos.

Pero ahora, después de unos años, el ánimo de la nación había cambiado. La recesión desorientaba a todos y eso era grave. Estados Unidos estaba librando tres guerras en tres países distintos, sin que ninguna de ellas pareciera prometer una victoria para la nación y sus aliados, ni un beneficio a largo plazo para los países donde se estaba peleando. Las batallas políticas tenían el viso de feudos de sangre, de principio a fin, como si fueran luchas de gladiadores de la antigüedad. Además, el mismo Obama parecía cansado y quizá un tanto confundido. Sus discursos ya no eran tan encendidos ni motivaban a la gente como antes. Su cambio, tan prometido, parecía un sueño inalcanzable. Desilusionados, muchos norteamericanos empezaban a sospechar que Obama les había fallado y que lo había hecho porque no era lo que había afirmado ser. No era el joven guerrero con un destino que tanto les había inspirado años antes. Tampoco parecía ser el hombre de la fe de vanguardia que les había hecho pensar que entrarían en un nuevo tipo de política, basada en la fe.

Estos nubarrones se habían formado sobre la presidencia de Obama, para cuando se dieron a conocer los resultados de la perturbadora encuesta del Foro Pew. Eran nubes negras, de malos presagios. Pero además, oscurecían esa transformación de la vida espiritual de Obama. Al asumir, había dejado la iglesia a la que asistía desde hacía veinte años, prefiriendo la quietud de la capilla de Camp David como refugio espiritual. Bajo la influencia de una nueva fraternidad religiosa, los primeros años del presidente en la Casa Blanca parecían ser un tiempo de profundización religiosa, de cambios y transformación. Ya no era lo que había sido al asumir el cargo. Ya no era un hombre moldeado por los veinte años de asistencia a la iglesia de Jeremiah Wright en Chicago. Más bien, ahora era alguien que se había dejado guiar por hombres de un espíritu diferente. Se estaba convirtiendo en un líder movido por una visión religiosa que seguramente sorprendería a sus opositores políticos y hasta a algunos de los que habían estado de su lado en las batallas políticas basadas en la fe, años antes.

Son estos los temas, entonces, el del viaje de la fe de Obama, el del tormento religioso que le ha impuesto la política, el del cambio espiritual por el que ha pasado desde que asumió, lo que ocupa la atención en estas páginas.

No intentamos avanzar con una agenda política, ni buscamos criticar las realidades de su vida. Ya hay bastantes críticas en la política de la nación hoy. Este libro, en cambio, se escribe con la convicción de que si la fe de un hombre es sincera, es la cosa más importante que tiene ese hombre y que es imposible entender quién es y cómo liderará sin entender primero la visión religiosa que forma la base de su vida. De igual importancia son las gemas de belleza y sabiduría que se obtienen a lo largo de una vida informada por la fe, con lo que la contemplación de la misma se convierte en una recompensa en sí misma. Es este el espíritu en que escribo este libro.

Pero con todo, Obama es un ser político y no puede uno ignorar las implicancias políticas de su fe. Insistimos a lo largo del libro que esto debe hacerse con generosidad y benignidad. Pero al mismo tiempo sabemos que ha de hacerse, porque es una insistencia que presenta el actual vacío religioso en la vida política de Estados Unidos.

1

Caminar entre dos mundos

Bobby Rush es un hombre que impacta. Nacido en la ciudad sureña de Albany, Georgia, en 1946, posteriormente se mudó con su familia a Chicago, Illinois. Llegó a ser luego miembro del Congreso de Estados Unidos. A lo largo de su trayectoria, había servido en el ejército estadounidense, obtenido una licenciatura y dos maestrías, se ordenó como ministro bautista y se ganó tal respeto en su distrito del sur de Chicago que hoy ocupa por décima vez su banca.

También es un hombre que detenta el coraje de sus convicciones. Fue cofundador del partido de las Panteras Negras en Illinois y pasó años operando una clínica médica y un programa de desayunos para niños. Fue pionero en cuanto a despertar en el público el interés por el problema de la anemia falciforme entre los habitantes de color. Y no es de extrañar, debido a su trayectoria, que el 15 de julio de 2004 el congresista Rush fuera el segundo representante del pueblo estadounidense en ser arrestado, no por corrupción o soborno, sino por protestar contra las violaciones de los derechos humanos frente a la Embajada de Sudán en Washington, D. C.

De veras que Bobby Rush es un hombre que impacta. Así que, ¿por qué decidió Barack Obama, de treinta y ocho años en 1999, confrontarlo por la banca en el congreso, después de haber servido en el senado de Illinois durante solo tres años? No puede haber sido por las cifras. Porque el nombre de Rush gozaba de un reconocimiento superior al 90% en tanto solo el 11 declaraba saber quién era Obama. Tampoco podría haber sido a causa de diferencias políticas. Porque todos sabían que los dos tenían casi las mismas ideas. Y fue esa una de las razones por las que Rush con frecuencia expresaba sentirse herido por la actitud de Obama.

Cualquiera haya sido la razón por la que Obama decidió competir contra Rush, sí sabemos que la experiencia no fue agradable para el joven. Desde el principio mismo Rush contaba con más del 70% de aprobación. Luego, no mucho tiempo después de empezar la campaña, el hijo de Rush, Huey Rich, fue trágicamente abaleado cuando el joven volvía de hacer las compras en el supermercado. Huey se debatió entre la vida y la muerte durante cuatro días. Aunque en ese momento era de mal gusto que se mencionara la tragedia con fines políticos, la cantidad de expresiones de condolencia sí pareció dar solidez al apoyo por Rush, en particular entre los votantes indecisos. Al poco tiempo comenzaron a aparecer carteles en el distrito, que proclamaban: «Apoyo a Bobby».

Las cosas nunca mejoraron para Obama. Hasta el presidente Clinton entró en la refriega y apoyó a Rush, rompiendo con su política de no inclinarse por ningún candidato en las primarias. Rush ganó por casi el doble de los votos, obteniendo aproximadamente el 60% contra el 30%. Y entonces Obama se vio obligado a admitir: «Me dieron una gran patada en el trasero».

Había habido amargura, hostilidad, esa mala sangre que las feroces batallas políticas pueden causar entre los hombres. Pasaron los años, sin embargo, y el tiempo y la distancia parecieron ablandar la hostilidad. El mismo Rush que describiera a Obama como un hombre «cegado por la ambición», con el tiempo cambió de idea. Después de que Obama entrara en el Senado de Estados Unidos, Rush dijo: «Creo que Obama y su victoria como candidato al senado siguen el orden divino. Soy predicador y pastor. Sé que ese era el plan de Dios. Obama tiene determinadas cualidades. Creo que Dios lo está usando para algún propósito».[1]

Bobby Rush no era el único que estaba seguro de esto. Porque tanto durante sus años como senador de Estados Unidos como luego, durante su campaña presidencial de 2008, muchos se habían referido con frecuencia a Barack Obama como *llamado, escogido* o *ungido.* Eran términos que durante mucho tiempo habían formado parte del vocabulario de la Derecha Religiosa. Pero luego, se convirtieron en expresión natural de una Izquierda Religiosa que acababa de despertar, de un movimiento progresista basado en la fe. Y además, contribuían como marco a la imagen de Barack Obama en las mentes de millones de estadounidenses.

Tal vez era de esperar. Y quizá no sea más que un derivado de esa típica necesidad estadounidense de pintar a la política y a los políticos con trazos mesiánicos. Tal vez sea esto lo que viene, en parte, de un pueblo que cree ser una nación escogida.

Pero lo que sí es único en lo que atañe al uso de estas palabras con referencia a Barack Obama es lo extrañas y ajenas que son a la visión religiosa de su vida como niño y adolescente. Tenemos que recordar que Obama es el primer presidente estadounidense que ha sido criado en un hogar no cristiano. Es que en realidad, pasó su juventud oscilando entre las influencias del ateísmo, el islamismo folklórico y un entendimiento humanista del mundo que vio la religión como invento humano, como producto de la psicología humana. Es este alejamiento

«Creo que Obama, y su victoria como candidato al senado, siguen el orden divino. Soy predicador y pastor. Sé que ese era el plan de Dios. Obama tiene determinadas cualidades. Creo que Dios lo está usando para algún propósito».

de la tradición en los años de formación de Obama lo que convierte a su camino político y religioso en una fascinación tan general y de significado tan simbólico en la vida pública de Estados Unidos.

LA HISTORIA DE LAS INFLUENCIAS RELIGIOSAS QUE HAN DADO FORMA A Barack Obama puede relatarse a partir de la fe novedosa de su abuela, Madelyn Payne. Nació en 1922, hija de estrictos metodistas en la rica ciudad petrolera de Augusta, Kansas. Aunque a los metodistas modernos se les conoce hoy por su deseo de ajustarse a la sensibilidad de la sociedad secular, como cuando eliminan el «sesgo sexista» de sus himnos, por ejemplo, los metodistas del centro de Estados Unidos en las décadas de 1920 y 1930 realmente exigían un precio más alto a cambio de ser considerados justos. En el hogar de los Payne no entraba el alcohol, los naipes ni el baile. Los domingos en la iglesia la familia solía escuchar que el ejército de los verdaderamente salvos es muy pequeño comparado con la vasta cantidad de los que irán al infierno. También había mezquinas tiranías de las que suelen atender la religión en un mundo con defectos: la gente se rechazaba mutuamente, vivían de manera contraria al evangelio que proclamaban respaldar, y no lograban distinguirse de manera alguna del mundo que les rodeaba.

Madelyn Payne observó todas estas hipocresías. Le hablaría a su nieto del «santurrón predicador» que había conocido y de las respetables damas con absurdos sombreros, que murmuraban secretos hirientes y trataban con crueldad a los que consideraban por debajo de ellas. Qué tontería, recordaba con asco, que se le enseñara a la gente a ignorar toda la evidencia geológica para que creyera que los cielos y la tierra habían sido creados en siete días. Qué injusticia, insistía, que los que forman las juntas en las iglesias pronunciaran «epítetos raciales» pero engañaran a los hombres que trabajaban para ellos. Barack oía con regularidad todos estos sentimientos cargados de amargura en casa de sus abuelos, y todo eso formó en profundidad su primera visión de la religión.

Madelyn a menudo era catalogada como «diferente» por sus vecinos. Era este en realidad un eufemismo para hablar de su excentricidad, y pocos se sorprendieron cuando conoció y luego se casó en secreto con Stanley Dunham, un vendedor de muebles de la cercana ciudad de El Dorado. Si el matrimonio no se formó exactamente por ser polos opuestos, era al menos una mezcla de incongruencias. El hombre era sociable, ruidoso, estrepitoso y sus amigos decían que podía «hacer que las patas de un sofá rieran con gusto». Y ella era sensible, amante de los libros. Él venía del mundo obrero y bautista. Ella era metodista, hija de padres afianzados en la clase media. Aunque en su generación estas diferencias aparentemente leves bastaban para separar a parejas con menor determinación, Stanley y Madelyn se enamoraron y luego se casaron la noche de una fiesta de graduación, a semanas de que ella terminara la escuela secundaria en 1940. Por razones que no se conocen con claridad, los padres de ella no se enteraron de esta unión hasta que la joven tenía su diploma ya en la mano. No recibieron la noticia con agrado aunque para la obstinada y cada vez más rebelde Madelyn, su opinión no importaba demasiado.

Con el estallido de la Segunda Guerra Mundial Stanley se enroló en el ejército y terminó luchando en Europa con el pelotón de tanques del general George Patton, donde nunca llegó a ver un combate de cerca. Madelyn entre tanto se dedicaba a trabajar como remachadora en la planta B-29 de la Compañía Boeing, en Wichita. A fines de noviembre de 1942 nació su hija, Ann Dunham.

Stanley Dunham era algo así como un Willy Loman, según los que le conocían. Ese trágico y quebrantado personaje de *La muerte de un viajante*, novela de Arthur Miller. Hay semejanzas, porque al volver de la guerra, y con la promesa de la ley de programas educativos para los veteranos, Stanley mudó a su joven familia a California, donde se inscribió en la Universidad de California, Berkeley. Obama luego contaría con afecto de su abuelo, que «el aula no lograba contener sus ambiciones, su inquietud, por eso la familia siguió su camino».[2] Ese sería el patrón de un estilo de vida. Primero regresaron a Kansas, y más tarde, vivieron en diversos pueblos de Texas, siempre instalando tiendas de venta de muebles con la promesa de encontrar mayores recompensas en alguno de sus futuros destinos.

Finalmente en 1955, cuando Ann terminaba el séptimo grado, la familia se mudó a Seattle donde Stanley consiguió empleo como vendedor para Standard-Grunbaum Furniture, una tienda reconocida en el área céntrica, en la esquina de las calles Second y Pine. Durante la mayor parte de los cinco años pasados en Seattle la familia vivió en Mercer Island, «un área amoldada por Sudamérica, poblada de pinos y cedros», del otro lado de la ciudad sobre el Lago Washington.[3] Mientras Stanley vendía muebles de sala y Madelyn trabajaba para un banco, la joven Ann comenzó a beber de las turbulentas corrientes de la contracultura que entonces comenzaba a extenderse por la sociedad estadounidense.

La escuela secundaria a la que había asistido Ann distaba mucho de ser la estereotípica imagen de la década de 1950. Justamente el año en que comenzó a asistir a la Escuela Secundaria Mercer, John Stenhouse, presidente de la junta escolar, admitió ante el subcomité de Actividades Antinorteamericanas que pertenecía al Partido Comunista. En Mercer ya había habido protestas de parte de los padres con respecto al contenido del programa de estudios, mucho antes de que fuera algo corriente a lo largo y a lo ancho de la nación. La mayoría de las quejas se centraban en las ideas de Val Foubert y Jim Wichterman, dos instructores percibidos en ese momento como tan radicales que los estudiantes le habían dado al pasillo que separaba sus aulas el nombre del «Pasaje de la anarquía». Estos dos hombres habían decidido, sin concesiones, incitar a los estudiantes a cuestionar y desafiar toda autoridad.

Foubert, que enseñaba inglés, les hacía leer libros como *La rebelión de Atlas, El hombre organización, Los persuasivos ocultos, 1984* y los comentarios culturales más estridentes de H. L. Mencken. Ninguna de estas obras se considera hoy extrema, pero en la nación de la década de 1950 estaban por cierto fuera de la corriente predominante. Wichterman, que enseñaba filosofía, les hacía leer a Sartre, Kierkegaard y *El manifiesto comunista* de Karl Marx y no dudaba en cuestionar la existencia de Dios. Las protestas de los padres fueron cada vez más fuertes, y Foubert y Wichterman les dieron el mote de «Marchas de las madres». «Los chicos empezaron a cuestionar cosas que para sus familias, no debían ser cuestionadas, como la religión, la política, la autoridad de los padres», recordaba John Hunt, quien asistía a la escuela en ese momento. «Y a muchos padres esto no les agradaba, por lo que intentaron que la escuela los despidiera [a Wichterman y Foubert]».[4]

Nada de esto parecía preocupar demasiado a Stanley y Madelyn Dunham, sin embargo. Como mucho antes habían descartado ya los sofocantes valores y la fe de la Kansas rural, los padres de Ann se sentían cómodos con el innovador programa de contenidos de la Escuela Secundaria Mercer. Hasta habían empezado a asistir a la Iglesia Unitaria de East Shore en la cercana Bellevue, conocida en Seattle como «la pequeña iglesia comunista de la colina», por su teología liberal y su política. Barack describiría luego todo esto como «la única incursión en la religión organizada» en la historia de la familia, y explicaría que a Stanley «le agradaba la idea de que los unitarios tomaban las Escrituras de todas las principales religiones», proclamando con entusiasmo: «¡Es como si tuvieras cinco religiones en una!» «Por amor de Cristo», respondería Madelyn según cuenta Barack. «¡No se supone que sea como comprar cereal para el desayuno!»[5]

Aunque lo que luego se conocía como Afirmación Unitaria de la Fe es de hecho una revisión exageradamente simplista de las ideas de James Freeman Clarke, sirve para tener una idea de lo que los Dunham consideraban cierto: «la paternidad de Dios, la hermandad del hombre, el liderazgo de Jesús, la

> *Aunque lo que luego se conocía como Afirmación Unitaria de la Fe es de hecho una revisión exageradamente simplista de las ideas de James Freeman Clarke, sirve para tener una idea de lo que los Dunham consideraban cierto: «la paternidad de Dios, la hermandad del hombre, el liderazgo de Jesús, la salvación por el carácter y el progreso de la humanidad hacia arriba y adelante, por siempre».*

salvación por el carácter y el progreso de la humanidad hacia arriba y adelante, por siempre». Barack confirma que Stanley y Madelyn creían en algún tipo de Dios. Pero aun así eran bastante escépticos. Barack cuenta que Madelyn sostenía un «racionalismo afilado» en cuanto a la divinidad de Jesús, a quien ellos aceptaban como buen maestro moral entre muchos otros, pero por cierto no como Dios. Que el hombre es perfectible, que la humanidad debiera convivir como hermandad y que la sociedad apuntaría siempre a mejorar, eran verdades en el hogar de los Dunham y Ann seguramente aceptaría con el tiempo estas posibilidades solo en los aspectos más seculares.

En verdad, Ann Dunham ya había iniciado un camino que superaba el libre pensamiento de sus padres y el de sus amigos de la Escuela Secundaria Mercer, pero que se condecía con las tendencias filosóficas de su tiempo. Había absorbido la amplia espiritualidad y visión social de la Iglesia Unitaria de East Shore. También había prestado atención durante las clases de Foubert y Wichterman. Con el escepticismo religioso de sus padres como punto de partida, Ann decidió ir aun más allá y se declaró atea.

Durante las reuniones entre amigos en las cafeterías de Seattle después de clases, sus amigos comenzaron a ver la minuciosidad con la que Ann había pensado en sus creencias. «Se declaró atea y había leído mucho sobre el tema, por lo que era capaz de defender sus argumentos», recuerda Maxine Box, la mejor amiga de Dunham en la escuela secundaria. «Siempre estaba desafiando, debatiendo, comparando. Y ya pensaba en cosas que a los demás ni siquiera se nos cruzaban por la mente». Otra compañera de escuela, Jill Burton-Dascher, recuerda que Ann, «era intelectualmente mucho más madura que nosotras, y un poco avanzada para su época, en términos poco convencionales». Chip Wall, amigo de Ann, explica: «Si te preocupaba algo que no estaba bien en el mundo, tenías la seguridad de que Ann ya sabría algo al respecto». Dice que Ann era «una compañera de viaje... éramos liberales, mucho antes de saber qué era ser liberal».[6]

Al iniciarse la década de 1960 Ann estaba llegando al final de la escuela secundaria y sus amigos suponían que se decidiría por alguna carrera fuera de lo común: una universidad europea, tal vez, o alguna de las de la costa este, entre las más avanzadas del país según la Ivy League. Pronto se enteraron de que Stanley había conseguido un nuevo empleo, en otra tienda de muebles que parecía prometer cosas todavía más brillantes. Era una tienda en Hawai. Y aunque algunos recuerdan que Ann no quería ir a vivir allí, no pasó mucho tiempo antes de que empezaran a llegar las cartas desde Honolulu donde Ann contaba que se había inscrito en la Universidad de Hawai para comenzar las clases en el otoño de 1960.

Hawai había sido declarado estado americano tan solo el año anterior. Y tal vez en esto radicara parte del atractivo para Stanley. Su alma siempre sedienta de aventura, siempre insatisfecha, vivía buscando nuevas fronteras y horizontes. Y para él parecía ideal un nuevo comienzo en un nuevo estado lejos del continente. Él estaba entrando a los cuarenta años de edad, y con ello el inicio de la crisis de la mediana edad que a tantos hombres afecta. Su única hija había terminado la escuela secundaria, y como la década recién comenzaba, todavía no había nubarrones por delante. La vida parecía estar llena de promesas aunque para Stanley, esto significaría seguir como nómada la dirección que cada promesa indicara: un nuevo lugar, un nuevo rol, una nueva multitud para encantar.

No podía haber sabido entonces que esta era la última mudanza de su vida, o que al fin pasaría sus días en un pequeño apartamento de Honolulu, si no amargado, al menos desilusionado por haber logrado tan poco. Tampoco podía haber sabido que mientras tanto su esposa llegaría a ser la primera vicepresidente mujer del Banco de Hawai, y que lo lograría sin tener un título universitario, algo inaudito para una mujer en esos tiempos. Stanley no podría haber sabido que su vida tendría la gracia y la desgracia de las idas y venidas de su hija, y el pequeñito de doble raza que la joven traería al mundo.

⁓

ANN DUNHAM CONOCIÓ A BARACK OBAMA SR. MIENTRAS ASISTÍA AL PRIMER año en la universidad. Él, por su parte, era estudiante de posgrado de la

Universidad de Hawai y tiene que haberle parecido a ella exótico, con su voz potente, su acento de keniano, sus facciones afiladas y su sofisticado conocimiento del mundo. Había llegado a Hawai gracias a la buena fortuna porque su gobierno le había enviado a estudiar al extranjero con una beca creada para los jóvenes líderes de la Kenia de Jomo Kenyatta. Aunque ahora pasaba sus fines de semana con Ann, escuchando jazz, bebiendo cerveza y debatiendo sobre política y asuntos mundiales con sus amigos, pocos años antes había vivido en una aldea de Kenia cuidando cabras y sometiéndose a los rituales del hechicero de su pueblo. En occidente, sin embargo, decidió rechazar la fe musulmana de su juventud, así como la cháchara de los hechiceros de su tierra. Insistía en que la religión es superstición, que del hombre mismo depende su propio destino y el de su nación. Es lo que tenía planificado hacer al terminar sus estudios y regresar a Kenia.

Para Ann y su nuevo amor, las cosas pasaron muy rápido. A fines del otoño de 1960 la joven concibió un hijo. A principios de 1961 ella y Barack se casaron y seis meses más tarde sus amigos de Seattle recibieron por correo el anuncio de que Ann había dado a luz a un niño. Barack Hussein Obama nació el 4 de agosto de 1961.

> *Hay muchas cosas que admirar de Ann y cómo crió a su hijo, y entre ellas por cierto, el hecho de que mantuvo vivo en la memoria y el corazón de su niño un recuerdo positivo de Barack Obama Sr.*

Lo que sucedió inmediatamente después es hoy bastante conocido. Barack Obama Sr. siguió viviendo en Hawai durante poco tiempo más después del nacimiento del niño que llevaba su nombre. Le atrajo la oportunidad de obtener un doctorado en Harvard, por lo que partió para regresar una sola vez más, antes de morir en 1982 a causa de un accidente automovilístico. Vivió sumido en la amargura, dedicado a la bebida. Y es difícil imaginar cómo un padre podría haber abandonado a un niño como el que vemos en las fotografías. Con el tiempo, Ann y su pequeño supieron que Barack Sr. ya se había casado en la aldea de Kenia mucho antes de conocer a Ann y que tenía otros hijos. En 1964 Ann presentó una demanda de divorcio.

Hay muchas cosas que admirar de Ann y cómo crió a su hijo, y entre ellas por cierto, el hecho de que mantuvo vivo en la memoria y el corazón de su niño un recuerdo positivo de Barack Obama Sr. Aunque un alma menos generosa podría haber criticado a un hombre como su marido, Ann prefería contarle a su pequeño sobre las virtudes de su padre. El niño supo casi desde su nacimiento que su padre había nacido pobre, en un país pobre, en un continente pobre y que solo gracias al esfuerzo, el trabajo y la determinación había logrado alcanzar estima. «De él has heredado tu inteligencia, tu carácter», le aseguraba la madre, y con ello aseguraba evitar la amargura en el espíritu del niño.

Los años que siguieron a la partida de Barack Sr., mientras la familia continuaba en Hawai, fueron casi idílicos para el joven Obama. Viajaba a menudo con el abuelo Stanley al parque Ali'i, paseaba alegre en la playa y vivía aventuras como la pesca submarina en la bahía Kailua. Todos estos recuerdos quedaron grabados con felicidad en su memoria. De la época, ha quedado una fotografía donde se ve al pequeño Barack con un bate de béisbol casi tan largo como él. Es la imagen de un niño amado y contento, tomada por un familiar que evidentemente se deleita al ver esas piernitas flacas, la amplia sonrisa, la cabeza tan bellamente formada. Madelyn, a quien el niño llamaba «Toot», abreviatura del término hawaiano Tutu con que los niños identifican a sus abuelas, solía leerle al niño cada hora, en su afán de transmitirle el gusto por la literatura que ella había adquirido leyendo los grandes libros que su familia solicitaba por correo desde las planicies de Kansas. Eran años felices. La inquietud sobre la raza, la falta de raíces y el dolor de crecer sin padre eran cosas que vendrían años más tarde.

En la memoria de Barack hay un nombre: Lolo Soetoro. Era amigo y compañero de estudios de su madre en la Universidad de Hawai. Pronto, se hizo compañero de juegos de lucha libre del pequeño, y un leal adversario de Stanley para sus partidas de ajedrez. Dos años después Lolo llegó a ser mucho más también para Ann, quien le dijo a su hijo que el hombre le había propuesto matrimonio, que ella había aceptado y que eso significaba que se mudarían a un lugar llamado Indonesia, al otro lado del mundo.

El hecho de que Ann Dunham Soetoro desarraigara a su hijo, llevándolo de las glorias de Hawai a uno de los lugares más problemáticos de la tierra en esa década de los 60, habla bastante sobre su carácter. Indonesia había estado bajo el mando de Sukarno durante décadas. Este hombre, revolucionario fundador de la nación, tenía más habilidad con las palabras que con el manejo del poder. Había intentado construir su país sobre cinco ideales que él llamaba principios fundamentales: el nacionalismo, el internacionalismo, la democracia, la prosperidad social y la creencia en Dios. Su intención era que formaran la esencia del espíritu indonesio. Pero la era de Sukarno da fe de que con palabras solamente no se puede construir una nación. Para la década de 1960 la ineptitud de Sukarno había demostrado ser causa de gran sufrimiento. El historiador Paul Johnson escribió: «El alimento se pudría en los campos. Los pueblos morían de hambre. La inversión extranjera se había esfumado».[7] Entretanto, la conducta personal de Sukarno había dado lugar al escándalo internacional. Tenía esposas y amantes por doquier, pero durante sus viajes al exterior, era conocido como ávido explorador sexual. Durante una visita a Indonesia en 1960, el primer mandatario soviético Nikita Khrushchev quedó impactado al ver a Sukarno charlando alegre y abiertamente con una mujer totalmente desnuda.[8]

Con el objeto de cubrir los desastres de su liderazgo Sukarno dio en secreto su consentimiento para el golpe de estado del Partido Comunista en 1965. Los generales y selectas autoridades de Sukarno fueron ejecutados. Los que produjeron el golpe de estado violaron a las hijas de estos hombres, y echaron los cuerpos de sus esposas e hijos en el Hoyo de los Cocodrilos, en Lubang Buaja. Pero el golpe de estado fracasó, y el estratégico comandante reservista Suharto tomó el poder. En sangrienta represalia contra los comunistas, se asesinó a cientos de miles, tal vez incluso a un millón. La violencia y el horror luego se aplacaron y para 1966, solo un año antes de que Ann trajera a su pequeño de seis años a Yakarta, todo parecía estar en calma.

Los años pasados por Barack y su familia en Indonesia probablemente permanecerán entre los más controvertidos de su vida. Aunque no es difícil ver por qué. Al principio la familia vivía en una cabaña de techo bajo en la calle Haji Ramli número 16. Barack, a quien por entonces llamaban Barry, corría por las calles de tierra de alrededor, usando una falda tradicional que envolvía su cuerpo y que usaban los hombres, y todo el tiempo jugaba al fútbol con los chicos del barrio. Como su padrastro Lolo era musulmán, los documentos del joven Barry indicaban que esta era su religión también. En ocasiones el pequeño acompañaba a Lolo a una mezquita cercana los viernes y repetía sus oraciones pidiendo las bendiciones de Alá.

Los años pasados por Barack y su familia en Indonesia probablemente permanecerán entre los más controvertidos de su vida.

En 1968 Barry comenzó a ir a primer grado en la escuela de la Fundación San Francisco de Asís, a pocas cuadras de su casa. Al comienzo del día escolar, él se persignaba, oraba el Ave María, el Padrenuestro y cualquier otra oración que las religiosas indicaran. Ann, atea y Lolo, musulmán, soportaban esta influencia católica porque el nivel de educación que ofrecía la escuela estaba entre los mejores de esa localidad. Dos años después Lolo consiguió un empleo en una compañía petrolera y la familia pudo mudarse a un barrio mejor. Barack entonces entró en una escuela pública que hoy se llama Escuela Primaria Modelo Menteng 1. También allí fue inscrito como musulmán, lo cual significaba que estudiaría las doctrinas del islam durante las dos horas semanales que se requerían como instrucción religiosa.

Su vida era un torbellino religioso. Vivía en un país mayormente musulmán. Oraba a los pies de un Jesús católico. Asistía a una mezquita con su padrastro y aprendía el islam en la escuela pública. En casa, su madre le enseñaba su ateo optimismo. Ella era, escribiría Obama años después, «testigo solitario del humanismo secular, soldado del nuevo pacto, de las fuerzas de la paz, del liberalismo en las comunicaciones».[9]

La fe de Lolo era algo más compleja. Aunque se declaraba musulmán y urgía a Ann y Barack a entrar en el islamismo como modo de conectarse con la comunidad, no era muy religioso. Esto sorprende a muchos occidentales contemporáneos que piensan en el islam solo en términos de la corriente fundamentalista y estridente que tanto dolor causa hoy en el mundo. Pero la Indonesia de fines de los 60 y principios de los 70 era a menudo violenta por razones políticas aunque rara vez por motivos religiosos. El islam de Indonesia en esos años se fusionaba sin problemas con el hinduismo, el budismo y hasta el animismo, lo cual daba como resultado una espiritualidad ecléctica y amplia. La experiencia diaria de esta mezcla se conoce comúnmente como el islam folklórico, una fe supersticiosa, marginadamente oculta, que comprende mayormente rituales para echar fuera el mal: conjuros contra el mal de ojo, encantos para mantener alejados a los espíritus, símbolos que aseguran la buena fortuna, y un antiguo entendimiento del poder espiritual y sus usos.

Lolo vivía al borde folklórico del islam y le enseñaba al joven Barack las supersticiones y rituales que en las calles de Yakarta eran tan populares. Creía, por ejemplo, que el ser humano adquiría los poderes de lo que comiera, lo cual era una atesorada y milenaria noción pagana. Traía a casa carne de tigre con frecuencia, con la esperanza de que su hijastro se hiciera más fuerte y poderoso. Pero las doctrinas del islamismo ortodoxo no resonaban mucho en su alma. Por ejemplo, había empleado a un joven cocinero que prefería vestirse con ropas de mujer los fines de semana, algo que un musulmán practicante jamás permitiría en su hogar. De hecho, la vida del joven habría corrido peligro si sus empleadores hubieran

> *Obama escribió que su madre le enseñó a ver la religión como «fenómeno que hay que tratar con el debido respeto pero también, con cierto desapego».*

sido fundamentalistas. A Lolo también le gustaban las mujeres, la bebida y la música occidental. Barack recordaría luego la pasión de su padrastro por Johnny Walker Black y los discos de Andy Williams. «Moon River» es la canción que más resuena tras los recuerdos de sus años en Indonesia.

Obama escribió que su madre le enseñó a ver la religión como «fenómeno que hay que tratar con el debido respeto pero también, con cierto desapego».[10] Fue justamente este desapego lo que tal vez constituyera la lección emocional más importante de sus años en Indonesia. Viviría en un país musulmán, pero el ejemplo de su padrastro le enseñaría a ignorar las enseñanzas más fundamentales del islam. Asistía a una escuela católica romana, pero vería al cristianismo como nada más que una superstición. Amaría a su madre, que consideraba que la religión no era más que un invento humano para poder enfrentar los misterios de la vida. Solo por medio de una armadura que encerrara su corazón, solo debido a este decidido desapego, podría un niño de la edad de Barack vivir expuesto a tal incongruente influencia religiosa y surgir ileso. Tal vez, sin embargo, haya sido justamente este desapego lo que más daño causó.

❦

LA PREGUNTA QUE SURGE, UNA Y OTRA VEZ, CON RESPECTO A LOS AÑOS DE Obama en Indonesia es: ¿Era musulmán? Si era un musulmán sincero, su conversión al cristianismo en su adultez le convertiría en *murtadd* a los ojos del islam, un apóstata. El islam ortodoxo insiste en que el apóstata debe ser rechazado por la comunidad y en ciertas jurisdicciones, marcado para la muerte.

Este extremismo con respecto a la apostasía no es algo sepultado en la antigüedad del islamismo sino un principio muy actual y que de hecho se ha intensificado en estas últimas décadas. El respetado y controvertido estudioso paquistaní Sayyid Abul Ala Maududi, por ejemplo, argumentó con ferocidad a mediados de la década de 1990 a favor de la ejecución de los apóstatas y su pensamiento es típico del razonamiento que podría aplicarse a la historia de Barack Obama:

El asunto central es que los niños nacidos de linaje musulmán serán considerados musulmanes y según la ley islámica la puerta de la apostasía jamás se abrirá para ellos. Si alguno de ellos renuncia al islam merecerá la ejecución como sucedería con cualquiera que renunciara a regresar al islamismo y eligiera el camino de la *kufr* (infidelidad al islam). Todos los juristas del islam concuerdan con esta decisión. Sobre este tema no existe absolutamente diferencia alguna entre los expertos de la *shari'ah*.[11]

La cuestión sobre si Obama encaja en esta descripción se complica un poco a causa del modo en que el hombre puede convertirse al islamismo. En el islam, el hombre se somete a Alá y entra en la comunidad de la fe al recitar el credo, la *Shahadah*: «*¡No hay ningún dios a excepción de Alá y Mahoma es su profeta!*», Son estas las palabras que el musulmán pronuncia sobre su hijo recién nacido y que espera que estén en sus labios al momento de su muerte. Son las claves de la fe, el camino a la conversión.

¿Pronunció Barack estas palabras en honor al islam? Sí, por cierto, tanto cuando estaba junto a su padrastro en la mezquita de Yakarta los viernes, como durante la instrucción religiosa del islam que recibía varias horas a la semana en la escuela. ¿Le convierte esto en musulmán en su infancia y en *murtadd* en su adultez? Ni el Corán ni el *Hadith*, sistemática compilación de enseñanzas musulmanas, hacen referencia a este tema con certeza. La pregunta parece tener respuestas distintas según la jurisdicción, pero la opinión de la mayoría de los maestros del islam, a pesar de que Maududi insista en lo contrario, es que el niño tiene que haber alcanzado la pubertad antes de que su confesión de fe tenga validez como conversión plena. Como el joven Barry estaba lejos de alcanzar la pubertad en sus últimos meses en Indonesia —antes de volver a Estados Unidos, donde nunca volvió a practicar el islam— no se le puede considerar musulmán entonces, y por eso tampoco es apóstata en su adultez.

Esta es una cuestión interesante, que muy probablemente vuelva a surgir cada tanto. Si, como presidente, el señor Obama ofendiera a algunos ulemas islámicos con sus políticas, podría haber un *fatwa* [decreto religioso] en su contra de parte de alguna jurisdicción que renegara de su apostasía. Por supuesto, no tendría validez a la luz del consenso de las enseñanzas islámicas. Pero es posible que algún ulema enojado u ofendido tomara nota de que el padre biológico de Obama sí era apóstata del islam. Esto, junto con la confesión de fe de su niñez podría ser tomado como evidencia para declararle *murtadd*, merecedor de la muerte. Sería una mentira, por supuesto, y no podría tomarse como más que una excusa fabricada para asesinarlo. Sin embargo, sería la primera vez en la historia americana que se acusara de algo así a un presidente en ejercicio.

Aunque la religión impregnó los años de Barry en Indonesia, lo que podría haber tenido un impacto aún mayor a lo largo de su vida tal vez hayan sido los esfuerzos de su madre por darle una educación superior. Esto sucedió después de que la relación entre Ann y Lolo se enfriara y ella viese que no quería perder a Barack a causa del apego del niño por Indonesia. Ann había hablado mucho sobre las virtudes de la sensibilidad cultural, sobre el hecho de nunca convertirse en un extraño grosero para la gente indígena. Ahora, empezó a temer que los tentáculos de esta tierra extraña envolvieran a su hijo con demasiada fuerza. No, claro que no iba a perderlo a causa de la cultura oriental. Su hijo seguiría siendo americano y la educación sería la mejor forma de asegurarlo.

Desde que arribaran a Yakarta, Ann había complementado la enseñanza de la escuela local con un curso por correspondencia desde Estados Unidos. Estaba decidida a sellar la pertenencia de su hijo como occidental, y entonces redobló sus esfuerzos. Cada mañana, despertaba al niño a las 4 a.m., le daba el desayuno y lo vestía, y luego le hacía practicar ejercicios en inglés durante tres horas antes de que saliera disparado a la escuela. No era una experiencia placentera. Barry se resistía, se excusaba diciendo que estaba enfermo, y por lo general, peleaba con su madre día a día. Con el tiempo, estas lecciones echaron raíces y Barry empezó a mostrar una facilidad para el idioma y el aprendizaje que sorprendía incluso a su madre. Aunque en ese momento tal vez nadie lo imaginara, estas sesiones matutinas y el rigor mental que exigían pueden haber sido la chispa que encendió ese fuego intelectual que dio como resultado una mente excepcional.

Tales esfuerzos demuestran que Ann había centrado su atención en Estados Unidos. Y así hizo. A poco de nacer Maya, la hermanita de Obama, Ann comenzó a hacer planes para que Barack regresara a Estados Unidos. Ann y Maya permanecieron inicialmente en Indonesia y luego en cuestión de meses, regresaron, agradecidas, a Estados Unidos. Entonces llegó el momento del divorcio. Ann, Barack y Maya verían a Lolo solo una vez más en sus vidas, cuando viajó a Los Ángeles diez años más tarde para someterse a un tratamiento para la afección hepática que acabó cobrándole la vida a los cincuenta y un años.

Al regresar a Honolulu en 1971 Barack se inscribió en la prestigiosa escuela Punahou. Fue este un momento decisivo en la vida del joven, que determinó gran parte de lo que vendría después. Porque hasta ese momento, excepto por la inteligencia que su madre reconocía en él, no había en el niño nada que le hiciera excepcional. Vivía con abuelos pertenecientes a la clase media y seguía a su quijotesca madre dondequiera que sus amores y sueños la llevaran. Era un niño de diez años, inteligente; pero no había nada que indicara promesa en su vida, nada que presagiara concretamente el camino hacia algo superior. Punahou fue lo que marcó el inicio de su trayectoria.

Consiguió que le admitieran en la escuela, gracias a los buenos oficios del jefe de su abuelo, ex alumno de la institución. Después de entrevistas y exámenes Barack fue aceptado y así se convirtió en participante de una tradición que databa de 1841 cuando se fundó Punahou para educar a los hijos de los misioneros congregacionales de Hawai. Durante más de un siglo y medio, la escuela había sido «la incubadora de las elites de la isla».[12] Barack estudió en esa escuela durante siete años esenciales en su vida. Y se destacó en lo académico y también como atleta. Su promedio se contó siempre entre los mejores, le apasionaba el baloncesto y hasta escribía para la revista literaria de la escuela.

Pero también, en esos años comenzó la angustiante búsqueda del joven por pertenecer a una raza. ¿Quién era en realidad? ¿De qué tribu podía afirmar que provenía su linaje? Mezclado con su búsqueda típicamente adolescente de libertad y definición, había un anhelo subyacente de pertenecer, de tener un lugar en una nación de gente como él, de sentirse parte.

Hawai no hacía que las cosas le fueran más sencillas. Es que ofrecía demasiado y parecía afirmar demasiadas opciones. No había un camino prescrito, ni un estilo o tipo determinado que se destacaran por encima de los demás. En las habitaciones de los hoteles, junto a la Biblia de los Gedeones los huéspedes encontraban, para su sorpresa, copias del Libro del Mormón y de las Enseñanzas de Buda. Toda opción étnica o religiosa encontraba su expresión en las calles de Honolulu. E incluso en Punahou, los relojes de la biblioteca marcaban las horas de las naciones del Tercer Mundo en un intento del gobierno por reforzar su mensaje de multiculturalismo. Nada de esto hacía que para Barack fuera más fácil encontrar su lugar en el mundo.

> *Fue durante esos años en Punahou que Barack hizo el intento con diversas identidades, como un hombre que se prueba la ropa para ver cuál le sienta mejor. ¿Era un joven de color que podía contarse entre los más radicales, o prefería ser el moreno educado de movilidad social ascendente?*

Fue durante esos años en Punahou que Barack hizo la prueba con diversas identidades, como un hombre que se prueba la ropa para ver cuál le sienta mejor. ¿Era un joven de color que podía contarse entre los más radicales, o prefería ser el moreno educado de movilidad social ascendente? ¿Quería destruir al sistema o usarlo para ascender?

¿Le sentaba mejor entrar en la vorágine de la amargura, las drogas, las fiestas, para luego presentarlas como excusas lamentosas al momento del fracaso? ¿O debía en cambio adoptar la ira del «Voy a mostrarles quién soy» y arremeterla contra el mundo? ¿Negaría su negritud saliendo con una chica blanca, o huiría de su mundo blanco para mezclarse solo con negros? Y lo más importante, ¿En qué lugar podría ubicarse con total plenitud? ¿Con los blancos? ¿Con los negros? ¿Con los norteamericanos? No lo sabía con exactitud. Leyó a Baldwin, a Ellison, Hugues, Wright y Dubois, pero no encontró en ninguno el mapa del país que buscaba. Todos terminaban «agotados, amargados, como si el diablo los persiguiera», concluiría más adelante.[13]

Al terminar la escuela en 1979 y dejar Punahou, asistió a la Universidad Occidental de Los Ángeles durante dos años pero se encontró atrapado y casi hundido en la falta de rumbo de algunos de sus amigos. Sabía que para salir de ese pantano, el esfuerzo debía provenir de él mismo. Por eso decidió cambiarse a la Universidad de Columbia en Nueva York, donde se produjo lo que luego llamaría «la ruptura fundamental en mi vida». Él no había llegado allí pensando en grandes logros y por cierto, no tenía ambiciones políticas. Sin embargo sí decidió que quería, como lo dijo, «dejar mi marca», que anhelaba destacarse, hacer algo importante, y tal vez hasta vivir una vida excepcional.[14] Empezó a pensar más seriamente en su futuro aunque todavía veía que «no tenía guía alguna que le mostrara cómo entrar en este mundo problemático». Cuando un domingo se sentó en el último banco de la Iglesia Bautista Abisinia de Nueva York y sintió el tierno lamento en un antiguo himno, no tenía la fe que podía darle alas a su cantar. Es que sentía que pertenecía sin pertenecer, como le sucedía con todo lo demás en el mundo. Fue, como diría su hermana Maya más adelante, como «caminar entre dos mundos».[15]

La verdad es que se sentía solo. Para cuando terminó sus estudios universitarios y obtuvo su diploma en ciencias políticas en 1983, estaba viviendo del otro lado del mundo con respecto a la única familia que tenía. Su padre, a quien no había visto en más de diez años, había muerto poco tiempo atrás. Es posible que habiendo aprendido lo que es el desapego, de su madre tan antropológica, el desapego se había convertido en un estilo de vida para él. Se encontraba preso en una prisión autoimpuesta, creada tanto por su necesidad como por su maldición de tener que mirar al mundo como si no formara parte de él. Se convirtió entonces en un joven que andaba por el mundo sin raíces, perseguido por «la mezcla de sangre, un alma dividida, la fantasmagórica imagen del trágico mulato atrapado entre dos mundos».[16]

Ese era su estado al momento de su llegada a Chicago en 1985. Acababa de probar lo que era trabajar en el mundo corporativo de Nueva York, y no le había satisfecho. Recién llegado a una ciudad que apenas conocía, comenzó a trabajar para una organización de mejoras sociales llamada Proyecto Comunidades en Desarrollo. Su tarea allí era casi hercúlea: convencer a la gente del lado sur de Chicago que efectuaran cambios positivos en su comunidad. Ahora, su mundo eran las calles enojosas, mayormente pobladas por negros, frustrantes y agobiadas por la pobreza pero resonando con alegres sonidos, de los barrios que le dieron al mundo la música de Muddy Waters

> En la comunidad la gente quería saber primero dónde estaba puesta su fe, antes de oír sobre sus ideas de mejoras sociales. Pero Obama no tenía fe, al menos no en el sentido religioso.

y la ficción de Upton Sinclair. Obama se entregaba a cualquier causa que fuera importante para la gente, desde los efectos perjudiciales del amianto al flagelo del delito, desde la unidad de la iglesia a la prostitución, como medio de formar consenso y el consecuente poder político. Pasaba muchos de sus días entrevistando a la gente, preguntándoles sobre sus necesidades y quejas. Convocaba a reuniones, persuadía, soportaba constantes humillaciones y disfrutaba de pequeñas victorias. Era ambicioso y lograba ver la conexión entre la crisis y el poder. Luego escribiría en *Los sueños de mi padre*: «Problemas, acción, poder, interés propio. Eran conceptos que me gustaban. Porque denotaban cierta obstinación, una mundana falta de sentimientos, política y no religión».[17]

Aun así la religión se convirtió en su crisis, tanto personal como profesional. Admitía ante sus compañeros de trabajo que no era «muy religioso» y le dijeron que con eso lo único que lograba era levantar una barrera entre él mismo y la gente. Es que en la comunidad la gente quería saber primero dónde estaba puesta su fe, antes de oír sobre sus ideas de mejoras sociales. Pero Obama no tenía fe, al menos no en el sentido religioso. Su trabajo con pastores no había hecho nada por ayudarle al respecto. Aunque sí encontró que algunos clérigos estaban dispuestos a arremangarse la camisa y trabajar para sanar a la comunidad, muchos de los pastores que encontraba eran o políticos con alzacuello clerical o demasiado tradicionalistas como para ser de utilidad u ofrecer lo que su alma sedienta estaba buscando.

También encontró que por momentos iba casi en contra de la perspectiva del mundo que tenía su madre, y esto le perturbaba.

No tenía comunidad o tradiciones en las que pudiera arraigar mis creencias. Los cristianos con los que trabajaba se reconocían en mí, veían que conocía su Libro, compartía sus valores y cantaba sus himnos. Pero además percibían que una parte de mí permanecía apartada, desapegada, como espectador. Entonces vi que sin contenedor para mis creencias, sin un compromiso inequívoco hacia una comunidad de fe en particular, estaría destinado siempre a permanecer apartado en algún nivel, libre como lo era mi madre, pero también solo como en última instancia, lo estaba ella.[18]

Ann lo había amado, e impartido al muchacho un sentido del poder de sus dones, alentándole a medida que sumaba logros en el mundo. Gran parte de lo que llegó a ser Obama se debió a la devoción de su madre. Pero la mujer no podía darle algo que ella misma no tenía. Habiendo rechazado la fe para mirar a la sociedad humana como el científico mira las células a través de la lente de un microscopio, Ann pagó el precio de su desapego con la falta de pertenencia, la falta de una tribu o pueblo que pudiera sentir como hogar, lugar de pertenencia. Y aunque podía ser cálida y ostentar amplitud espiritual, el desapego que tanto apreciaba fue lo que la aisló. Su legado también podría haber sido el de Barack, si el joven no hubiera logrado ver lo horrible que era el precio de tales creencias.

Fue cuando estos pensamientos perturbaban su mente que Barack Obama llegó al banco de la Iglesia Unida de Cristo La Trinidad, un domingo a las 8:00 a.m. Semanas antes se había reunido con el pastor Jeremiah Wright, aunque el tema del debate había sido la comunidad y la forma en que otras iglesias solían percibir a la de la Trinidad. Obama llegó allí con dos propósitos. Escuchó con respeto a Wright, pero no sin escudriñar tras las palabras el espíritu del hombre, probando las aguas tomando en cuenta un cambio que estaba considerando. Terminada la reunión, Obama tomó de la oficina de recepción unos folletos acerca de la iglesia antes de salir y luego dejó que pasaran algunas semanas.

Luchaba con su conciencia, con su cinismo, con su perspectiva intelectual de la fe. Cuando un amigo le preguntó si le acompañaría a la iglesia, no logró decidirse.

> Encogía los hombros y descartaba la pregunta sin poder confesar que ya no podía distinguir entre la fe y la insensatez, entre la fe y la paciencia simple y llana. Y aunque creía en la sinceridad que oía en sus voces, seguía sintiendo escepticismo dudando de mis propios motivos, sospechando de la conversión por conveniencia, teniendo demasiadas peleas con Dios como para aceptar una salvación que se consiguiera con tanta facilidad.[19]

Con todo, aun con tantas dudas y preguntas sin respuesta, fue a la iglesia. Se sentó temprano ese domingo en el banco de La Trinidad, entregándose a la consoladora misericordia de la iglesia afroamericana. Sabía que esta iglesia, como muchas otras de su tipo, había ministrado durante años tanto a la comunidad como al individuo, que la salvación individual y la salvación colectiva eran nobles objetivos del evangelio negro. La idea le gustaba. Y también le hacía sentir bien la idea de que en la iglesia negra «la línea entre el pecador y el salvo es más fluida», que «uno necesita aceptar a Cristo justamente porque tiene pecados que lavar», y no porque uno entra siendo perfecto, como impoluto regalo para Dios.[20] Era esto lo que necesitaba saber, sentado allí, sintiendo duda y conflicto.

Ese día el sermón era sobre un tema que viviría luego en su alma y también en su política. Trataba sobre «La audacia de la esperanza». Transmitido por la diestra retórica de Jeremiah Wright, la lección era como una sinfonía de predicación afroamericana. El contundente contenido bíblico se presentaba contrastando con el comentario social, todo esto para aplicarse al sufrimiento y prometidas victorias de cada una de las vidas individuales de la congregación. De alguna manera, a partir de la débil esperanza de Ana, madre del profeta Samuel, el reverendo Wright lograba llevarlos a reflexionar sobre las injusticias de Sharpsville e Hiroshima, sobre la necedad del gobierno federal y estatal de Estados Unidos, sobre el duro corazón de la clase media. A pesar de la amplitud de las referencias, o tal vez justamente a causa de ello, un rayo láser de esperanza penetró en el alma de Barack. Al final del sermón, el joven tenía los ojos llenos de lágrimas.

Fue un comienzo. El proceso que se inició entonces llevó meses y no podía acelerarse. Y cuando llegó el momento del cambio, no hubo ángeles ni relámpagos. Al contarlo no suena como las famosas conversiones de la historia con grandes transformaciones morales y dramáticos encuentros con Dios. No. Fue una decisión de entrar en la fe uniéndose a un pueblo de fe, de regresar a una comunidad sintiéndose como en casa, de sentirse como en casa con Dios. De hecho, como ha explicado ya Obama: «Sucedió como elección y no como epifanía. Las preguntas que tenía no desaparecieron por arte de magia. Pero al arrodillarme bajo esa cruz en el lado sur de Chicago sentí que el espíritu de Dios me llamaba. Me sometí a su voluntad y me dediqué al descubrimiento de su verdad».[21]

2

Mi casa también

Sam Brownback, candidato a la presidencia, se sentía aliviado. Al aparecer con Barack Obama en una cumbre del Día Mundial del SIDA en 2006, auspiciada por la Iglesia Saddleback de Rick Warren, Brownback dijo que se sentía un poco más «cómodo» que la última vez que habían compartido el escenario ambos candidatos. «Ambos hablamos ante la NAACP», dijo ante los miles de presentes. «Y fueron muy educados conmigo. Creo que se preguntaban quién sería este tipo de Kansas. Pero luego, aparece Barack Obama y la gente siente que les está hablando Elvis».

Suponiendo que la iglesia evangélica de Warren sería terreno conocido para un católico romano conservador como él, Brownback se volvió a Obama y le dijo: «¡Bienvenido a mi casa!» Los espectadores estallaron en un aplauso, salpicado con risas. Momentos más tarde, sin embargo, Obama tomó el estrado y dijo: «Tengo que decirte algo, Sam. También es mi casa. Porque es la casa de Dios».[1]

Una vez más, Obama mostraba su habilidad al interceptar el pase largo político de Brownback. Su adversario estaba intentando apelar a sus bases pero Obama no iba a permitirlo. Al negarse a ceder un centímetro en terreno religioso dejó en claro ante todos que no solo permanecería firme en su lugar dentro del rebaño cristiano sino que no iba a permitir que los recién llegados a la crisis del SIDA, como los evangélicos de Warren, olvidaran que la tribu política de Obama había empezado a ocuparse del tema hacía tiempo ya. *Puedes ser cristiano como yo, Sam*, le estaba diciendo. *Pero no actúes como si fueras mi hermano mayor. Esta es mi casa también.*

Aunque Obama estaba declarando su pertenencia a la casa universal de Dios, su casa de la fe en términos de ubicación geográfica está muy lejos de la Iglesia Saddleback de Rick Warren y de los enclaves blancos de Lake Forest, California. La casa espiritual de Obama está a casi medio continente de distancia en el corazón de los complejos de viviendas subvencionadas y mallas de acero que cercan los negocios y empresas que enorgullecen al sector sur de la Chicago de color.

LO QUE PRIMERO IMPACTA A QUIEN VISITA LA IGLESIA UNIDA DE CRISTO LA Trinidad un domingo durante el servicio es la gente que camina por las cansinas calles del barrio del sector sur, con rumbo a su hogar espiritual. Las madres hacen equilibrio sobre sus altos tacones en tanto luchan por mantener a raya a su rebaño de pequeñines traviesos que saltan por las veredas rotas. Los padres caminan juguetonamente al llevar sobre sus anchas espaldas a sus hijitas, vestidas con sus mejores ropas, en tanto sortean su camino por entre los muchos autos que transitan por la calle Noventa y Cinco Oeste. Algunas de estas familias han caminado kilómetros, pero cada paso que dan muestra su férrea determinación, nacida del hambre espiritual y del anhelo universal por reclamar un lugar propio en medio de la comunidad.

Ya más cerca del imponente edificio de color amarillo ocre que conforma el ámbito físico de la Iglesia Unida de Cristo La Trinidad, el visitante percibe también el cuidado y la planificación que hay en todos los aspectos de la vida de esta familia espiritual. Hay hombres de seguridad, imponentes pero de mirada amable, ubicados estratégicamente en torno

al edificio, todos con ropa de domingo pero también equipados con inter-
comunicadores y auriculares. Algunos están armados, lo cual es desafor-
tunadamente algo ya común como necesidad de muchas de las iglesias
más grandes de la nación. Al dejar los jardines cuidadosamente manteni-
dos y pasar por la puerta principal el visitante recibe la bienvenida de
hombres y mujeres mayores, con la habitual expresión de afecto del bien
diseñado sistema de hospitalidad.

Si el visitante ha llegado tarde tal vez se le pida que permanezca en una
de las filas formadas por sogas de terciopelo y parantes de bronce, como
podría suceder en algún cine o teatro de categoría. El mensaje es claro: *esto
no es una iglesia y nada más. Es un fenómeno cultural. Una experiencia religiosa de histórica importancia para la gente que asiste aquí.* Cientos de personas se amontonan para entrar, a veces desde la madrugada, para poder
conseguir un asiento. No hay que llegar tarde.

Al pasar por el vestíbulo el visitante tal vez no logre ver los primeros
símbolos que definen la visión de estas personas. Una imagen de un Jesús
negro, detrás del puesto de información. Los brazos de este Jesús abrazan a
una familia de color que irradia gozo y contento. También hay rostros
negros en las escenas bíblicas de los vitrales de la Iglesia La Trinidad. Son
testimonio silencioso de la visión teológica que forma el corazón de esta
familia de fe conformada por afroamericanos.

Mientras la multitud va ocupando los casi dos mil setecientos asientos
de este santuario de estilo contemporáneo, el recién llegado no podrá dejar
de notar cómo viste la gente. Por supuesto hay vestidos brillantes, sombreros, el típico traje impecable que puede esperarse en una iglesia de gente de
color en Estados Unidos. También hay ropa más informal, como pantalones vaqueros y chaquetas de cuero, y ropa de noche, vestidos escotados o
incluso ropa de trabajo en el caso del conductor de autobús que no ha
tenido tiempo de cambiarse. Todos son bienvenidos. Aunque, más que en
cualquier otra iglesia aquí encontrará que la gente lleva la ropa típica de los
africanos. Las mujeres que entienden que su vestimenta transmite un mensaje potente llevan largos mantos, *dashikis* de colores y turbantes enormes

atados con nudos exóticos. Uno ve enseguida que no se trata de un desfile de modas sino del uniforme que expresa una visión del mundo.

Los acomodadores llevan guantes blancos y guían a quienes van llegando en tanto las mujeres mayores sutilmente vigilan con mirada maternal a quienes están esperando. «Señor, ¿eso es un grabador? Oh, ya veo ¿es su Biblia electrónica? Bien, disfrute del servicio». «Señora, no permitimos cámaras aquí. ¿Puedo pedirle que la guarde hasta dejar el edificio?» Todo esto, con gracia y afecto. Pero también con la subyacente firmeza de los mayores que supervisan a su clan.

De hecho, el sistema de reuniones ha sido obviamente diseñado con atención al servicio para el visitante pero buscando proteger a los miembros de la congregación de lo que podría tomarse como una invasión o intrusión. Después de todo, es esta una familia espiritual de casi diez mil personas y a esta iglesia asisten de tanto en tanto un senador estadounidense y unos de los afroamericanos más famosos del país. Los miembros de la prensa son acompañados con toda amabilidad, y se les da una tarjeta de identificación. Los que están para asistir sonríen a un equipo de filmación francés conformado por jóvenes sin afeitar, vistiendo botas y pantalones vaqueros, acompañados por una elegante mujer nigeriana que lleva un vestido de vivos colores y les explica qué se puede hacer y qué no. Los reporteros que se exceden tal vez deban enfrentarse con los corpulentos hombres de seguridad, entre los que se cuentan ex jugadores de los Osos de Chicago, que con toda amabilidad les sugerirán que hay que atenerse a las reglas.

Exactamente a la hora de inicio según lo publicado, una mujer avanzará hacia el púlpito para efectuar unos anuncios. Sus modos son tan precisos que años después de verla por primera vez Barack Obama recordaba «su cabello canoso» y «su actitud de no andarse con vueltas». Abre la boca para hablar y de inmediato la multitud hace silencio. Es una congregación disciplinada.

Si el visitante no se aburre con el ritual de información que es común en todas las iglesias, es posible que entienda parte del alma de esta gente a partir de estos primeros momentos del servicio. Si presta atención verá que con un presupuesto de casi diez millones de dólares, monto respetable aunque no excepcional para una iglesia de tal dimensión, la Iglesia La Trinidad auspicia más de setenta ministerios y docenas de instituciones educativas en todo el mundo. Hay programas para ayudar al adicto al alcohol y las drogas, programas para ex delincuentes, hospicios, servicios de consejería, de ayuda al anciano y muchos otros servicios sociales de todo tipo. La iglesia ha donado más de un millón de dólares al Fondo Universitario Unido para Negros, y recolectado cientos de miles de dólares para apoyar a escuelas y programas de becas, incluso de lugares como África y Medio Oriente. Hay programas académicos, servicios de preparación para el ingreso a universidades y hasta ferias educativas. La Iglesia La Trinidad se resiste a la «mentalidad del silo», sosteniendo que la riqueza no es para acumular sino que debe usarse. Por eso, invierte a conciencia para cambiar la cultura de su }gente. También busca apartarse de la tradición de las iglesias negras. La Iglesia La Trinidad auspicia un extenso programa de alcance para solteros y solteras homosexuales, con un énfasis bastante inusual y controvertido entre los cristianos afroamericanos.

Si escucha con un poco más de atención el visitante podrá entender que no se trata de una congregación de oprimidos y pobres. Porque a esta iglesia asisten empresarios multimillonarios, políticos, médicos y cientos de maestros y profesores universitarios que incluyen a al menos una docena de docentes de la Universidad de Chicago. A veces, dentro de la misma comunidad se oyen críticas con respecto a la conformación de la congregación, como si se pusiera énfasis en «mejorar la posición social de los negros». Pero esto no parece molestarles a los pastores. Varios de ellos se han graduado de universidades bastante elitistas y entre los miembros principales del personal no hay nadie que no tenga un excelente currículo académico.

Terminados los anuncios comienza la adoración. Muchas veces será de manera parecida a la de cualquier iglesia evangélica de enorme tamaño en Estados Unidos, con un enérgico líder que viste vaqueros de color negro y sudadera blanca, y exhorta o grita pidiendo reacción de la gente, entre canción y canción. Se busca despertar el entusiasmo y la energía, con tambores y guitarras eléctricas como cortina de sonido. Pero aquí en la Iglesia La Trinidad esto no dura demasiado porque enseguida entrará el coro, conformado por varios cientos de personas. El coro lidera el servicio. Todos los del coro visten con colores típicamente africanos, y el cuadro visual ha sido cuidadosamente estudiado para transmitir individualidad pero también conexión con el todo.

La música termina y entonces algunos oran en voz alta. Luego, un joven toma el púlpito. Es el reverendo Otis Moss III, el nuevo pastor principal. Alto y buen mozo, tiene treinta y siete años y se ha graduado de la Universidad de Yale. Antes de llegar a la Iglesia La Trinidad ha sido pastor en Georgia, y le ha ido muy bien. Su oratoria de inmediato revela ser excelente. Habla con un estilo prolijo y cálido, que logra captar la atención del universitario y el hombre común a la vez, al profesor y al poeta callejero al mismo tiempo. Es fácil entender por qué la congregación eligió a este hombre como guía para las décadas por venir.

Su sermón se centra en el tema de la crucifixión de Jesús y es una obra maestra de la narrativa y la exposición. Convoca a personajes de la historia y les da voz, personalidad. La cadencia y la repetición crean un ámbito en el que la multitud se pone de pie varias veces como respuesta entusiasta a las palabras que les llegan al corazón. En este pastor se conjuga lo académico, el término griego del Nuevo Testamento tan mentado, con la paciente explicación de las costumbres en los tiempos de Jesús, además de la anécdota histórica elegida con cuidado y la visión de lo que es la naturaleza humana. Todo esto crea un impacto sobre la congregación que es a la vez educativo, inspirador, pero que además presenta un desafío al que nadie puede renunciar. Este domingo por la mañana, en todo Estados Unidos habrá muy pocos sermones tan buenos como el del pastor Otis.

El forastero que está de visita notará dos características inesperadas en la predicación, en especial si no es de color. Lo primero que observará es que hay detalles alterados en las historias de la Biblia. Jesús es «un hombre de color, medio desnudo», que pierde su vida a manos de conspiradores de una corrupta nación italiana de hombres blancos y de los coconspiradores de su propia raza. Es probable que el visitante blanco jamás haya visto la historia de la crucifixión de este modo. La segunda característica es que en cualquier momento del sermón la historia puede pasar a ser un paralelo de la situación racial o política de hoy. Los cargos inventados en contra de Jesús por los fariseos enseguida se convierten en el medio que permite entender cómo la policía de Los Ángeles planta evidencia, o cómo George W. Bush seguramente tendrá que poner armas de destrucción masiva en Irak cuando antes no las había. Todos estos apartes parecen despertar en la multitud tanto fervor como la apasionada narrativa de la Biblia, y los visitantes se dan cuenta que aun los pocos blancos de la congregación se ponen de pie, apoyando estos momentos de comentarios políticos.

Sobrevolando todo esto está el espíritu de un hombre que no está presente, que solo se menciona cada tanto, pero que igual está allí a cada momento. Se le menciona con honor en casi todas las oraciones. Su nombre, que se pronuncia en un aparte durante un anuncio, es motivo de aplauso. Durante el sermón, las dificultades que ha tenido que soportar últimamente se comparan con el sufrimiento de Jesús así como la injusticia y abuso sufrido a manos de los cobardes religiosos y los pecadores políticos. Cuando termina el sermón con una apasionada descripción de cómo se levanta la cruz con Jesús clavado en ella, este hombre también es presentado como aquel cuyos sufrimientos le permitirán verse elevado y reivindicado ante un mundo que le observa.

Su nombre es reverendo Jeremiah A. Wright Jr. y ha sido pastor principal de esta congregación durante treinta y seis

> *Sobrevolando todo esto está el espíritu de un hombre que no está presente, que solo se menciona cada tanto, pero que igual está allí a cada momento. Su nombre es reverendo Jeremiah A. Wright Jr. y ha sido pastor principal de esta congregación durante treinta y seis años, aunque hace poco ha dejado su puesto.*

años, aunque hace poco ha dejado su puesto. Cuando llegó en 1972 para ocuparse de su rebaño solo había ochenta y siete miembros en esta congregación, pero todos ellos habían encontrado el coraje para declararse «negros y cristianos, sin vergüenzas ni disculpas».

Con el ímpetu de quien tiene propósito y el cabello mota de color rojizo casi como símbolo de su pasión, el reverendo Wright comenzó en aquellos días a construir lo que se convertiría en una institución de Chicago, y en la iglesia más grande de la denominación de la Iglesia Unida de Cristo.

Ahora, sin embargo, pareciera que sus logros están a punto de desvanecerse tras el torbellino que surgió al término de su ministerio pastoral. Porque este es el hombre cuyas furibundas declaraciones se han visto por YouTube cientos de miles de veces. El hombre que ha declarado que «Dios maldice a Estados Unidos», que es el racismo lo que gobierna a Estados Unidos, que habla de la U.S.K.K.K.A [en referencia a «Estados Unidos del Ku Klux Klan de América»] y que los horrores del 11 de septiembre de 2001 no son más que la cosecha de lo que se sembró. También es el hombre que probablemente constituya el mayor lastre para su hijo espiritual, el senador Barack Obama.

Si entre los de la congregación pregunta usted por el carácter de este hombre, la imagen será muy distinta. Un diácono recordará el momento en que el doctor Wright habló en una iglesia pobre del área cercana, para luego negarse a recibir sus honorarios porque insistió en que ese dinero se usara para mejorar los precarios fondos del edificio. Una señora mayor recordará haber viajado a África con su pastor, y dirá que le vio llorar al enseñar sobre la madre tierra de su raza. Además, habrá otros que recordarán las tiernas anécdotas de la infancia que incluye en sus sermones, las dulces visitas a los que están sufriendo y su generosidad hacia una comunidad pobre.

Los hombres de edad más avanzada ríen pícaros cuando mencionan el sentido del humor del reverendo Wright y su lenguaje soez. Se le conoce por condimentar sus sermones con el vocabulario de la calle. Un ministro que estaba de visita en la Iglesia La Trinidad se encontró en un momento de su predicación en que gritó la palabra «¡No!» como parte de una historia. Pero haciendo una pausa, prefirió decir: «Maldita sea... ¡No!», y con una sonrisita de disculpas añadió: «Fue Jeremiah Wright quien me enseñó a hacer eso». La multitud irrumpió en una carcajada cómplice, porque el doctor Wright será tal vez el «predicador de las malas palabras» pero es su predicador, y lo aman.

Wright nació en Filadelfia en 1941, hijo de un pastor bautista. Hijo y nieto de ministros, ingresó en la históricamente negra Universidad Virginia Union a los dieciocho años. Pero antes de terminar sus estudios dejó la universidad para unirse a la Armada. Nadie sabe bien por qué. La versión más noble de los hechos cuenta que le inspiró la frase de John F. Kennedy: «No pregunten qué puede hacer su país por ustedes. Sino pregúntense qué pueden hacer ustedes por su país». Y que por eso postergó su carrera académica para servir a su país. La razón más probable es que haya sufrido un desencanto respecto del tibio apoyo del cristianismo hacia el movimiento por los derechos civiles, y que por ello perdió interés en el llamado a ser pastor. Sea cual fuere la causa, sirvió en la Segunda División de Marines y luego fue transferido a la Armada. Volvió a estudiar en 1967 cuando se inscribió en la históricamente negra Universidad Howard de Washington, D.C. donde obtuvo una licenciatura y luego una maestría en inglés.

Bajo la superficie de este viaje por la vida hubo disturbios internos. Wright cuenta la historia sin escatimar detalles, como es su costumbre. En Virginia Union había empezado a ver «el lado feo (u oscuro) de la iglesia negra y de los hipócritas predicadores negros».[2] Este desencanto tenía su paralelo en el crecimiento del movimiento en favor de los derechos civiles. Wright participaba de las «sentadas» y se resistía a «los racistas blanquitos, a quienes odiaba más y más cada día».[3] Con toda crudeza cuenta: «[en esa época] cantaba como solista en el coro itinerante de la universidad, me emborraché por primera vez en mi vida e intenté entender mi llamado al ministerio».[4]

Su mentor fue el doctor Samuel Proctor, un profesor al que conoció en Virginia Union, destacado educador de color que también enseñaba en el A&T de Carolina del Norte y la Universidad de Rutgers. Wright recuerda que en esos días, Proctor «producía más doctorados afroamericanos en Rutgers que cualquier otra persona en la historia de la universidad».[5] Y lo más importante en cuanto a lo que llegaría a ser Wright era que «Proctor siempre me señalaba que tenía un llamado superior, un compromiso más profundo con la fe arraigada en el carpintero de Capernaúm que conoció la opresión, que supo lo que era ser víctima del odio, que sabía del colonialismo pero que además conocía (personalmente) a Dios, que es más grande que cualquier gobierno y que prometió una paz más potente que cualquier paz que "el mundo" pudiera ofrecer jamás».[6] Gracias al aliento de Proctor, Wright pudo recuperar su sentido de vocación al ministerio y empezó a prepararse para obtener una maestría en la Facultad de Teología de la Universidad de Chicago y más tarde, con un doctorado en el Seminario de Teología Unido.

Al entrar en el ministerio tenía plena conciencia de la crisis de fe en la comunidad de color. Los negros abandonaban las iglesias cristianas en la década de 1970, a favor de otras tradiciones religiosas que parecían ser más afines a la experiencia de la gente de color. La Nación del Islam y los Israelitas Hebreos Negros, entre otros, florecieron como resultado de ello. «No conocían la historia afroamericana», insiste Wright. «Abandonaban las iglesias en masa. La iglesia parecía estar desconectada de su lucha por la dignidad y la humanidad».[7] Fue más o menos entonces que Wright aceptó el puesto de pastor principal en la Iglesia Unida de Cristo La Trinidad.

Allí, edificaría sobre el cimiento de una nueva teología negra que comenzó a surgir a fines de los 60 causando feroz controversia. Wright insistía, sin embargo, que esta teología del cristianismo que surge orgánicamente a partir de la experiencia de los negros y que de hecho *es* la experiencia de los negros, no se originó en los 60 y tampoco en Estados Unidos. Predicaba que se había ido conformando a partir de las luchas del pueblo de Dios en el Antiguo Testamento y a través del nacimiento de una fe del Nuevo Testamento. Estaba forjada en el yunque del comercio de esclavos que cruzaban el Atlántico en cadenas y la habían sistematizado pensadores y teólogos de color durante generaciones antes de que pudiera encontrar su voz en las crisis raciales producidas en la turbulenta década de 1960 en Estados Unidos. Era la teología, proclamaba, de un pueblo decidido a ser sujetos, y no objetos, en la historia.

El simbólico llamado a las armas de esta teología negra tal vez haya resonado el 31 de julio de 1966, cuando cincuenta y un pastores de color publicaron un aviso a página completa en el *New York Times* exigiendo resultados en la erradicación del racismo. Fue una época de disturbios y la iglesia negra estaba empezando a actuar, pero de manera agresiva. Un manifiesto emitido por un cónclave de teólogos negros en Atlanta tres años antes concluía con el grito de batalla de Eldridge Cleaver: «Alcanzaremos nuestra condición humana, o quedará arrasada la Tierra por nuestros esfuerzos por obtenerla». La matanza de sus líderes y el sufrimiento que acosó a sus comunidades ya eran demasiado como para sufrir en silencio. Aunque las iglesias negras llegaron tarde a la batalla por la igualdad social —habían echado de su denominación a Martin Luther King Jr. años antes a causa de los «excesos» de su activismo político— cuando por fin levantaron el guante lo hicieron con ánimo de venganza.

> *Aunque las iglesias negras llegaron tarde a la batalla por la igualdad social, cuando por fin levantaron el guante lo hicieron con ánimo de venganza.*

En 1969 el teólogo James Cone emitió la Carta Magna de la teología negra, un trabajo titulado *Black Theology and Black Power* [Teología negra y poder negro]. Con la influencia de la ideología del poder negro, de Stokely Carmichael, de los insultos intelectuales de Malcolm X contra el cristianismo blanco, y la exigencia de Martin Luther King Jr. por los derechos civiles, Cone formó una teología en torno y a favor de la experiencia negra. En el corazón de esta teología estaba la idea de la liberación. Como Jesús se definió a sí mismo como liberador cuya tarea era la de

«anunciar buenas nuevas a los pobres... proclamar libertad a los cauti-
vos... poner en libertad a los oprimidos»[8], la iglesia ahora debía ocuparse
de hacer lo mismo.

Esta idea central suena a concepto cristiano, pero Cone puso tal énfasis
en esta cuestión de la liberación que casi excluyó todas las demás doctrinas
bíblicas. Por ejemplo, con respecto a la revelación sostenía que ocurre
únicamente cuando Dios entra en la historia para liberar a los oprimidos
de los opresores. Esto se apartaba de la perspectiva tradicional que sostiene que Dios habla a través de las Escrituras, mediante el Espíritu Santo y
los líderes ungidos de su iglesia. Con Cone la liberación se convertía tanto
en el medio como en el momento de la revelación. «En una palabra», argu-
mentaba Cone, «la revelación de Dios significa liberación, nada más ni
nada menos».[9]

Cone también insistía en que todos los que sufren la opresión son
«negros», no importa de qué color sea su piel. Ser negro significaba estar del
lado de los oprimidos, en contra del opresor. Así que cuando Cone proclamaba que Jesús es negro, que los blancos quieren un cristianismo sin negritud, y que las Escrituras solo pueden ser interpretadas por los negros,
estaba emitiendo un llamado a reinterpretar el cristianismo en términos de
los temas perdidos del sufrimiento y la liberación pero usando un lenguaje
que garantizaba el rechazo por parte de tanto las iglesias blancas como las
tradicionales de color. En tal sentido, la experiencia negra se convirtió en
lo supremo para Cone:

Sigo viendo la Biblia como fuente importante de mis reflexiones teológicas, pero no como el punto de partida. La experiencia negra y la Biblia,
juntas en dialéctica tensión, sirven como punto de partida para mí, hoy y
ayer. El orden es importante. Soy negro ante todo, y todo lo demás viene
después de eso. Esto implica que leo la Biblia a través de la lente de la
tradición de lucha de los negros, y no como la objetiva Palabra de Dios.
Por eso la Biblia es uno de los testigos de la presencia y poder de Dios en
los asuntos humanos, junto a otros importantes testimonios.[10]

El corolario, por supuesto, es que blanco es opresión, es esclavitud, es poder en oposición justamente a lo que Jesucristo vino a hacer.

Aún para quienes entendían el lenguaje de Cone, donde Jesús es un hombre «negro» que vino a destruir los sistemas «blancos» de la opresión, su mensaje era radical y a menudo violento. Una típica frase de esta *Teología negra de la liberación* revela los sentimientos que enfurecían a los lectores blancos pero levantaban el ánimo de muchos activistas negros: «La teología negra debe entender que el Jesús blanco no tiene lugar en la comunidad negra y que nuestra tarea consiste en destruirlo».[11] De manera similar, «la teología negra se ocupa solo de la tradición del cristianismo que pueda usarse en la lucha por la liberación negra».[12] O, lo que es lo mismo, «durante demasiado tiempo Cristo ha sido retratado como un blanco de ojos celestes. Los teólogos negros tienen razón. Tenemos que quitarle lo blanco y hacer que así sea relevante a la condición de los negros».[13] Estas declaraciones ya eran bastante perturbadoras para la sociedad en ese momento pero había otras que parecían creadas para incendiar, casi literalmente, el chispero de la animosidad: «La experiencia negra es el sentimiento que uno tiene al atacar al enemigo de la humanidad negra, tirando una bomba Molotov a un edificio de blancos, viendo cómo lo consumen las llamas. Claro que sabemos que para librarse del mal hace falta algo más que la quema de edificios, pero por algún lado hay que empezar».[14]

> *«La teología negra debe entender que el Jesús blanco no tiene lugar en la comunidad negra y que nuestra tarea consiste en destruirlo».*

A los ojos de la mayoría de las iglesias tradicionales, negras y blancas por igual, lo que Cone hacía era mezclar sencillamente el cristianismo con el marxismo. Estaba reconstruyendo a Jesús como «Mesías del Pueblo», predicador de un mensaje de liberación política más que de regeneración espiritual. Y de la misma manera, temían algunos, un negro podía dispararle a un blanco o incendiar el negocio de un blanco creyendo que así cumplía la voluntad de Jesucristo, Príncipe de paz. El mismo Jesús que les dijo a sus discípulos no solo que amaran a todas las naciones sino que además les enseñaran a hacer la voluntad de Dios, estaba siendo presentado como un hombre negro «que odiaba a los blancos», que venía a destruir a todos menos a los negros. El estudioso evangélico Francis Schaeffer ha escrito que «lo que estos liberales predican no es más que humanismo vestido con ropa teológica», lo cual llevó a los críticos evangélicos de Cone a la conclusión de que la teología negra era poco más que intolerancia negra, que reformulaba la misión de Jesús.

Radical o no, violento o no, Cone con su visión lanzó al mundo a una generación de ministros negros. Jeremiah Wright fue uno de ellos. Llegó a ser experto en teología negra no solamente como la enseñaba Cone sino también como la expresaban y ampliaban otros teólogos. Al mando de la Iglesia Unida de Cristo La Trinidad, a partir de 1972, así como la teología negra avanzaba, hinchadas sus velas por los vientos de la época, Wright comenzó a predicar su teología de la liberación a los oprimidos del sector Sur de Chicago. Era algo que les refrescaba el alma, que fortalecía sus esperanzas en Dios, que confirmaba sus sospechas políticas y celebraba su historia, al tiempo de afirmar la bondad de su raza y armarles para las batallas culturales que vendrían.

A lo largo de los años la gente de la Iglesia La Trinidad se vio expuesta a una visión de Estados Unidos muy distinta no solo de lo que se enseñaba en las escuelas de la nación sino también de lo que se predicaba a la mayoría de las congregaciones negras, y en la mayoría de las iglesias de las afueras del país. Para la gente negra, tanto por su color de piel como para los «negros» por estar oprimidos, la historia de Estados Unidos como la enseñaba Wright ya no era el noble relato del avance de la libertad. Los estadounidenses blancos tal vez sientan que se les empañan los ojos ante el recuerdo de Jamestown como primer asentamiento permanente de los ingleses sobre las costas del Nuevo Mundo. Para los negros, sin embargo, Jamestown era el lugar donde comenzó la esclavitud estadounidense en 1619. Los estadounidenses blancos podían hacer alarde de sus intrépidos padres fundadores, pero a los negros de la Iglesia La Trinidad se les urgía que recordaran a una generación comprometedora que hablaba conmovedoramente sobre la igualdad humana pero que extendía la esclavitud. Que los políticos cuenten mentiras sobre las glorias de las guerras mundiales de Estados Unidos, insistía Wright. Los negros, por su parte, debían recordar las leyes de Jim Crow y a un ejército segregado que a regañadientes toleraban a los ases negros de la Fuerza Aérea en Tuskegee. Decidido a ver el mundo en términos de opresores y oprimidos, Wright encontraba a Estados Unidos casi siempre del lado del opresor.

La teología negra moldeó la forma en que Wright entendía al mundo y el rol de Estados Unidos dentro del mismo. Los bombardeos estadounidenses de Hiroshima y Nagasaki nunca fueron ingeniosos y valientes finales de una guerra sangrienta. Eran masacres en las que una nación blanca exterminaba a un pueblo de color.

¿Y el apoyo estadounidense a Israel? Nada menos que imperialistas blancos que oprimían a un pueblo palestino de color, a través de un estado que era su cliente. ¿La guerra estadounidense en Afganistán e Irak después del 11 de septiembre? Meramente una nación tirana que enviaba a su gente de color a colonizar a gente de otro color, por poco más que algo de petróleo. Y lo mismo con respecto a Sudáfrica, Granada, los aborígenes norteamericanos, las mujeres, Bosnia, Somalia, Vietnam, los homosexuales, las lesbianas y los inmigrantes. Jesús vino a liberar a los pisoteados y Jeremiah Wright sería su discípulo, apoyando a los oprimidos dondequiera que estuviesen en el mundo.

> *La teología negra moldeó la forma en que Wright entendía al mundo y el rol de Estados Unidos dentro del mismo.*

Su visión hizo que se enfrentara no solo con muchos de la blanca Norteamérica sino incluso con clérigos de color como él. Defendía el derecho al aborto, se oponía a que se orara en las escuelas, y defendía las leyes que protegían a los homosexuales y lesbianas. Urgió al gobierno estadounidense a indemnizar a los negros por la esclavitud y a enviar más ayuda a África. Se enfureció contra el «evangelio de la prosperidad» de las iglesias negras y blancas e incluso sin pensarlo mucho acusó a otro pastor de promover «una teología proxeneta para una iglesia prostituida». Sus opiniones llegaban a paso firme y rápido, sobre las alas de su gran don de la oratoria, y no temía apartarse de un texto durante algún sermón para hablar con profundidad sobre el mal de su sociedad o su raza.

Muchas veces los blancos que le observaban se sorprendían porque Wright no esperaba que el gobierno estadounidense financiara la liberación de su pueblo. De hecho, el notorio sermón en el cual proclamó que «Dios maldice a Estados Unidos», se titulaba «La confusión entre Dios y el gobierno», como llamado a dejar de esperar que el gobierno cumpliera las promesas de Dios. Wright no esperaba que el gobierno le diera un cheque. Es que durante sus años en la Iglesia La Trinidad había predicado sobre los valores de la autosuficiencia de los negros y a pesar de sus muchas tareas pastorales había ayudado y aportado a la creación de corporaciones con el objeto de llevar prosperidad a la gente de su comunidad. También había defenestrado los valores aislados de los negros de clase media, gente que tenía apenas lo suficiente como para despreocuparse de las necesidades de los demás. Desafiaba tanto a los ricos como a los pobres de su congregación para que dieran, y dieran en abundancia, para la causa de Jesús en el mundo.

Este era Jeremiah Wright: un hombre brillante, lleno de ira, exitoso, que no pedía disculpas, que se apasionaba por su pueblo y por su Cristo, apasionado por entender el mundo exclusivamente en términos de la liberación. Sus críticos enfurecieron. Era «un hombre poseído por demonios», «antisemita», «compañero de viaje comunista» y «racista». Se le percibió como supremo ejemplo del problema con el liderazgo negro en Estados Unidos, líder de una secta con visión herética.

Pero aun cuando sus críticos le denostaran, su influencia crecía al igual que el número de sus seguidores. Parecía no haber grises en la opinión pública: Jeremiah Wright era o un demonio o un libertador.

La verdad es que fue y es un enigma, difícil de reconciliar, mezcla de grandeza y dolor. Podía llevar a miles a la fe y luego hacer fluir a borbotones un mito urbano como evangelio. Podía proclamar la «muy antigua y conocida historia» de la verdad cristiana, y las últimas teorías conspiradoras en un mismo aliento. Podía denunciar a su nación con amargura y ser al mismo tiempo, como lo era, el más respetado predicador de color en el reavivamiento espiritual del país. Podía llevar a la gente a la santidad y proferir malas palabras como un pandillero desde el púlpito. Podía ser generoso y también mezquino, ennoblecer y aplastar, glorioso y oscuro a la vez.

Había también historias como la que leerá a continuación, que solo hacían que el misterio fuera más insondable. William A. Von Hoene Jr. era un hombre blanco enamorado de una mujer negra. Ella era miembro de la Iglesia La Trinidad y activista en la causa de su gente. Ella también estaba enamorada de William y esto le preocupaba profundamente. ¿Cómo podría casarse con un blanco y seguir siendo respetada en su comunidad negra? ¿No sería el esposo blanco el obstáculo para todo lo que ella esperaba lograr por su raza? De modo que en medio de su tormento, rompió el compromiso con William.

Parecía no haber grises en la opinión pública: Jeremiah Wright era o un demonio o un libertador. La verdad es que fue y es un enigma, difícil de reconciliar, mezcla de grandeza y dolor.

Jeremiah Wright se enteró de su crisis y la llamó. Le dijo que «dejara todo lo que estuviera haciendo» para reunirse con él, y luego pasó cuatro horas hablándole de todo corazón. Dios no quiere que tomemos decisiones sobre las personas basándonos en su raza, le dijo. El futuro les pertenece a los que están preparados para derribar barreras.

Las divisiones raciales no son aceptables, por mucho que fuera el dolor que las causara. Cásate con este hombre, le dijo, y forja una nueva historia con él. Meses más tarde el reverendo Jeremiah Wright casó al blanco William con su novia afroamericana.[15]

Esto hizo el pastor racista de la Iglesia Unida de Cristo La Trinidad. Esto hizo el hombre que maldice a Estados Unidos en nombre de Dios. Esto lo hizo el erudito que afirma que Jesús es negro. Y toda esta ira y justicia, lo santo y lo crudo, llegarían a tener influencia sobre la vida de Barack Obama.

EL SERVICIO DEL DOMINGO POR LA MAÑANA EN LA IGLESIA UNIDA DE CRISTO La Trinidad ha terminado y el visitante se dirige a la puerta de salida. Afuera el gélido viento de Chicago le acompaña mientras camina junto a la multitud que se despide abrigada con bufandas y guantes de lana.

El visitante queda detrás de una mamá con su hijo. Les ha visto temprano esa mañana mientras recorrían las poco más de diez cuadras desafiando al frío para ir a la iglesia.

—Mamá, ¿quieres que te diga lo que aprendí esta mañana?

—Sí, amor. Dímelo.

—Aprendí que el hombre que ayudó a Jesús a cargar la cruz era africano, probablemente negro.

—Así es, chiquito. ¿Y qué más aprendiste?

—La maestra también nos contó que algunos hombres de Antioquía, donde fueron enviados Pablo y Billabus para misionar, también eran negros como tú y yo.

—Se llamaba Bernabé, mi amor. Pero así es. Incluso el nombre de uno de ellos significa «hombre negro».

—Sí, mamá. Y ¿sabías que había un unchuco de Etiopía? También está en la Biblia y era negro.

—Bebé, se dice eunuco, pero tienes razón. Era negro y de África. Estoy tan orgullosa de que sepas todo eso.

—Lo sé, mamita. Estoy ansioso de contarles todo esto a mis amigos en la escuela. Seguro que no lo saben.

El visitante, habiendo oído esto, empieza a entender. Y aunque es blanco y pertenece a otra corriente teológica, vuelve la mirada hacia la Iglesia Unida de Cristo La Trinidad y por un momento la ve con ojos diferentes, como si fuera la primera vez.

3

Fe adecuada a los tiempos

CADA UNO ENCUENTRA A DIOS DE UNA MANERA DISTINTA Y ESTO ES ASÍ aun para los que forman parte del rebaño cristiano. Para la mayoría, la fe es algo que llega de manera gradual, a través de verdades que a modo de capas, van sumándose a lo largo del tiempo. Hay otros que se aferran a Dios en momentos de crisis, en medio de la desesperación, y se agarran de certezas que les sostienen toda la vida. También están esos pocos selectos que viven encuentros dramáticos con Dios y con ojos humanos llegan a tener un vistazo de las glorias de un plano que no nos es invisible. Las conversiones religiosas son, de hecho, tan diversas y diferentes como lo son los conversos y las formas en que la Providencia se ocupa de cada uno de nosotros. No hay un patrón, una fórmula única ni un programa o calendario que marque etapas, para poder comparar. Es el destino lo que permanece firme. El camino a la fe serpentea y avanza, sinuoso.

La conversión de Barack Obama también desafía toda posibilidad de fijar un patrón, por lo que se niega a ajustarse a líneas teológicas definidas. Pero aun así, su llegada a la fe fue adecuada a su época. Llegó como lo hacen muchos en su generación, no tanto para unirse a una tradición sino para encontrar pertenencia. No tanto para aceptar doctrinas sino para sentirse bienvenidos por lo que ya creen. No tanto para entregar sus vidas sino para mejorar las identidades que ya tienen.

Recordemos lo que dijo Obama al describir su conversión. Son frases muy leídas y oídas ya en sus libros y discursos. En *La audacia de la esperanza* escribió: «Fue una decisión, no una epifanía. Las preguntas que tenía no desaparecieron por arte de magia. Aun arrodillado allí bajo esa cruz en el sector sur de Chicago sentí que el espíritu de Dios me llamaba. Me sometí a su voluntad y me dediqué a descubrir su verdad».[1] En entrevistas posteriores utilizó a veces un lenguaje más tradicional. Dice que tiene una «relación personal con Jesucristo» y que cree «en la muerte y resurrección redentora de Jesucristo» y que «esa fe me da un camino para que se me limpie de pecado y tenga vida eterna».[2]

En la Iglesia Unida de Cristo La Trinidad se da un llamado a la fe, un «llamado al altar», al final de casi todos los servicios de los domingos. Es este un patrón bastante común en la religión estadounidense de hoy. El sermón termina y se convierte en llamado o invitación. Jesús llama, se le dice a la multitud. Y en tanto el santuario se llena de música los que creen que Dios les llama pasan al frente. El pastor urge a la gente a no dudarlo, porque es una cuestión particular entre cada persona y Dios. Hay que olvidarse de la gente que hay alrededor y de las cámaras. Los amigos y familiares esperarán. Hay que ocuparse del alma y de lo que anhela. Entonces, se ponen de pie algunos y caminan hacia el altar. El personal de la Trinidad está preparado para este momento. Los acomodadores avanzan por los pasillos, urgiendo a los que desean ir al frente a hacerlo de inmediato. Una vez ante el altar, los líderes saludan y ubican en líneas a los que han venido. Hay gente que llora. El pastor ofrece amables palabras de instrucción y ora por cada una de estas almas. Luego, todos pasan a otra sala para recibir consejos y a medida que avanzan la congregación aplaude y grita palabras de aliento. Muchos de los que aplauden han estado en esa fila alguna vez, con lágrimas en los ojos.

Obama ha contado que conoció por primera vez a Jeremiah Wright y asistió entonces a la Iglesia La Trinidad en 1985. Poco después oyó el transformador sermón de «La audacia de la esperanza». Sin embargo, pasaron meses antes de que respondiera al llamado a la fe, y meses antes de que avanzara hacia el frente confesando su fe en Cristo. Es que tal vez, estuvo luchando contra su estilo de vida basado en el desapego. Para él habría sido más natural quedarse sentado y observar, sintiéndose separado de toda esta gente, protegiendo su corazón mediante una segura distancia. Claro que el poder de la Iglesia La Trinidad no permitiría tal cosa. Él también, entonces, sintió «que el espíritu de Dios me llamaba».[3]

> Oyó el transformador sermón de «La audacia de la esperanza». Sin embargo, pasaron meses antes de que respondiera al llamado a la fe, y que avanzara hacia el frente confesando su fe en Cristo.

Llegó el día, Obama se puso de pie tras un sermón poderoso como pocos y avanzó hacia el frente. Seguramente le acompañaría un acomodador, de los que llevan guantes blancos, y habría estado en la fila recibiendo instrucción y oración. Si estuvo dispuesto a hacerlo, habría avanzado hacia la otra sala donde los padres en la fe le habrían ayudado a encontrar a su Dios.

Las primeras veces que contó esta historia antes que las frases se pulieran en la literatura ahora tan conocida, Obama dice que mientras estaba allí ante el altar de la iglesia «no me caí».[4] Tal vez se haya eliminado esta frase por su carácter esotérico, porque suena demasiado a la experiencia pentecostal y negra, y la mayoría de los estadounidenses podrían no entenderlo. Sin embargo, «caer» allí implica estar tan abrumado por el poder de Dios o por la convicción, que ya no puede uno sostenerse en pie y por eso, cae al suelo. Cuando en la Iglesia La Trinidad la gente cae ante el altar, los ministros suelen ser quienes les atienden, orando por ellos mientras están postrados y ayudándoles luego a ponerse de pie otra vez a «recuperarse». Obama habrá visto esto varias veces durante los meses en los que asistió a la Trinidad. Y tal vez por ello dudara antes de responder al llamado. Porque posiblemente quiso evitar «caer» a causa de su necesidad de sentirse seguro, de seguir con su posición de asistente a la Universidad de Columbia. Pero el día en que se arriesgó a aceptar su nueva fe, no tuvo esa experiencia. Y es posible que para él fuera un alivio.

Los que critican a Obama y por cierto, también a Jeremiah Wright, se preguntan si en la Iglesia La Trinidad se predica algo al menos parecido al evangelio cristiano tradicional. Los pronunciamientos políticos de Wright han sido tan radicales y su actitud en los videos de YouTube es tan llena de enojo que para algunos es difícil, en particular para los evangélicos, aceptar que la iglesia es más que un centro de reclutamiento marxista para negros. Sin embargo, esto es parte de la naturaleza de Wright y su iglesia que a veces confunde. Sí, se les ofrece a los pecadores el Jesucristo Hijo de Dios que murió y resucitó. Y sí, la iglesia llama a las personas a ser salvas de la muerte y el infierno confesando sus pecados y entregando sus vidas a un Cristo crucificado. Y también, este es el «cristianismo que tiene el poder del Espíritu, el de los nacidos de nuevo, el del nuevo nacimiento y el lavado por la sangre» que conocen los evangélicos.

Es difícil determinar exactamente qué fue lo que vivió Barack Obama y qué es lo que entendió al momento de su conversión. No utiliza el lenguaje de los tradicionales conversos al cristianismo para describir su experiencia. Es que Obama es el producto de una generación nueva, postmoderna, que elige su propia verdad de la fe tradicional, como podría uno elegir su almuerzo en una mesa de bufé. Obama no cuenta que sintió al alma vaciada, o que le pesaron sus pecados, y que por ello respondió al amor de Jesús que prometió salvarle y rehacerlo a la imagen de Dios. Porque ese es el lenguaje de los evangélicos. En cambio, dice que buscaba una «vasija» o contenedor para sus valores, una «comunidad o tradiciones compartidas en las que pudiera anclar mis más profundas creencias».[5] En lugar de rendir su mente sin reservas a las Escrituras y su revelación de Dios, Obama sintió alivio porque «el compromiso religioso no me exigía abandonar el pensamiento crítico».[6] En vez de «renunciar al mundo y sus caminos», lo cual es el lenguaje cristiano normal conocido como expresión de la ruptura con el camino de pecado de la sociedad, le agradó que su fe no le exigiera «retirarme del mundo que conocía y amaba».[7] En lugar de comprometerse con Jesucristo a causa de la verdad que encontraba cierta, Obama admitió: «[Las] preguntas que tenía no desaparecieron como por arte de magia» y por ello en la conversión «me dediqué a descubrir la verdad [de Dios]».[8]

Ese tipo de lenguaje por supuesto acarrearía dudas. En una época en la que se puede perder la carrera política debido a la falta de fluidez religiosa, Obama se arriesgaba al lenguaje amplio y franco para describir su conversión, agradando solo a los que prefieren que el asunto quede sin solución. A los evangélicos no les causó impacto alguno. Los jóvenes postmodernos en cambio, se alegraron ante el ánimo de la búsqueda espiritual y el sonido honesto de las palabras de Obama. La amplitud de este lenguaje fue tal que los no religiosos tampoco se ofendieron. Pensemos en lo que entiende John K. Wilson del Cristo de Obama en su libro Barack Obama: *This Improbable Quest* [Barack Obama, esta gesta improbable]: «Para Obama Jesús no es una criatura mágica a la que hay que adorar ciegamente. Es una persona real a la que hay que imitar por su ejemplo moral. Lo que le importa de Jesús a Obama no es la "Noche de los muertos vivos", como aspecto de la creencia cristiana en la resurrección, sino las lecciones morales del sacrificio propio en pos del bien común».[9] A pesar de que esto dista del Cristo de la Iglesia La Trinidad y de lo que Obama ha descrito en las entrevistas, su descripción de lo que fue su conversión en *La audacia de la esperanza* es tan amplia que de hecho permite que uno perciba eso.

La incertidumbre que inspiraban las palabras de Obama probablemente fuera intencional. Porque aunque no pareciera que buscaba confundir, habló con una estudiada falta de claridad, o tal vez con estudiada duda, porque era duda —en los inicios de su vida cristiana— lo que había en el centro de la religión de Obama. Y por cierto no es exagerado decir que para Obama, el creyente jóven, la duda se entendía como una forma de adorar:

«Creo que la mejor religión es la que trae una gran dosis de duda», explicó una vez.[10] Su religión era «una fe que admite la duda, la incertidumbre y el misterio. Porque en última instancia, pienso que así es como la mayoría de las personas entiende su fe. De hecho no es fe si tienes certeza absoluta. Todos damos este salto y cuando admites esa duda en público, es una forma de dar testimonio».[11]

Esta estudiada incertidumbre estaba presente siempre en la fe temprana de Obama: «Hay aspectos de la tradición cristiana con los que me siento cómodo y otros con que no. Hay pasajes de la Biblia que para mí tienen perfecto sentido y otros que me hacen decir: "Bueno, no estoy seguro de eso"».[12]

> *«De hecho no es fe si tienes certeza absoluta. Todos damos este salto y cuando admites esa duda en público, es una forma de dar testimonio».*

Lo que hace todavía más difícil que se pueda entender la naturaleza del compromiso cristiano temprano de Obama es la forma en que hablaba de otras religiones. En uno de sus primeros discursos en que incluyó las ahora famosas declaraciones en cuanto a su conversión «bajo la cruz del sector sur», dijo con regocijo: «Ese es un camino compartido por millones y millones de estadounidenses: evangélicos, católicos, protestantes, judíos y musulmanes por igual. Algunos, desde su nacimiento y otros, en momentos de inflexión en sus vidas».[13] Era una declaración que garantizaba la formulación de preguntas en cuanto a su condición de cristiano. Es que los judíos y musulmanes no tienen experiencias evangélicas de conversión y sin duda, Obama estaba intentando decir que había encontrado la fe en el sector sur de Chicago del mismo modo en que quienes pertenecen a religiones diferentes, nacen en hogares de tal o cual confesión o al final descubren el significado de su propia religión. Pero al comparar su conversión con la forma en que acoge a religiones no cristianas, vemos que una vez más Obama borroneó las líneas de la definición, dando por incierta la forma en que ve su propia fe.

Esta frase en su discurso fue más que algo dicho espontáneamente. Obama creyó, evidentemente, que la forma de cristianismo con la que se comprometió en la Iglesia La Trinidad en 1985 no es el único camino que lleva a Dios. «Mis raíces están en la tradición cristiana», dijo. Pero también ha afirmado: «Creo que hay muchos caminos que llevan al mismo lugar y que hay una creencia en que hay un poder superior, una creencia de que estamos conectados como pueblo».[14] Fue en el modelo de su madre donde vio por primera vez esta forma amplia de aceptar las fes del mundo. «En casa», explicó «la Biblia, el Corán y el Bhagavad Gita estaban en la biblioteca junto con libros de mitología griega, nórdica y africana. En Pascua o Navidad mi madre me llevaba a la iglesia a la rastra, como también me llevaba al templo budista, a la celebración del Año Nuevo Chino, al santuario Shintoísta y a los antiguos cementerios hawaianos».[15] Lo que su madre buscaba inculcar en él era su visión de que «por debajo de estas religiones había un conjunto común de creencias sobre cómo tratar a los demás y cómo aspira uno a actuar no solo para sí sino para el bien común». Por eso, para Obama el cristianismo es nada más que un árbol religioso con raíces en el suelo ético común de toda experiencia humana.

Este fundamento de duda y el cristianismo tomado como uno más entre muchos caminos a Dios, se evidenciaba hasta en sus más informales conversaciones sobre la fe en los años previos a su asunción como presidente. Cada afirmación parecía una mezcla no solo porque se apartaba del lenguaje tradicional sino porque conjugaba temas incongruentes entre sí. Cuando un periodista le preguntó sobre su vida de oración Obama dijo algo sobre «una continua conversación con Dios», pero luego sugirió que esta conversación en realidad era consigo mismo: «Me pregunto continuamente sobre lo que estoy haciendo y por qué lo estoy haciendo».[16]

Tal respuesta admite diversas interpretaciones. Wilson, por ejemplo, insiste en que la vida de oración de Obama «no es una creencia alucinatoria en que un ser sobrenatural le habla directamente a él. No. Obama, en cambio, usa a Dios como forma de contrarrestar su propio ego. Usa la oración para "hacer un balance" de sí mismo y mantener así su "brújula moral"».[17] A los miembros de la iglesia de Obama tal vez les sorprenda esta conclusión pero la opinión de Wilson es comprensible porque Obama ha utilizado para describir su temprana espiritualidad un lenguaje tan amplio y abarcador.

La incertidumbre también aparecía hasta en la opinión que tiene Obama sobre la vida después de la muerte. Cuando su hija le preguntó una vez qué pasa después de la muerte («No quiero morir, papá», recuerda que dijo), no pudo darle seguridad en cuanto al cielo: «Me pregunté si tendría que haberle dicho la verdad, que no sé bien qué pasa cuando morimos. Como tampoco estoy seguro de dónde es que reside el alma o qué es lo que había antes del Big Bang».[18] Tampoco estaba seguro acerca de la visión tradicional del castigo eterno: «Me cuesta creer que mi Dios es capaz de enviar a cuatro quintos de la humanidad al infierno».[19] Todo esto lleva a Wilson a la conclusión de que «Obama no cree ni deja de creer en la vida después de la muerte. Ignora y descarta el tema porque es un factor que no se puede conocer y por ello no debiera afectar lo que hagamos en la tierra».[20]

Esta forma de ver las cosas por supuesto, perturbaba a los cristianos más tradicionales y ortodoxos, porque la certeza en cuanto a la vida después de la muerte es una de las doctrinas esenciales del cristianismo que los creyentes ven como una de las más grandes bendiciones de la fe en Jesucristo. La iglesia de Obama incluye al cielo entre los beneficios de la salvación cuando llegan ante el altar los que responden al llamado al final de los servicios. No es por insistencia de los evangélicos sino porque es una verdad central del Nuevo Testamento. Y aquí también, según ve Obama la Biblia, había evidencia de este escoger al antojo del posmodernismo. Cuando un periodista le preguntó cómo es que podía aceptar con tal calidez a las demás religiones no cristianas, si Jesucristo dijo: «Yo soy el camino, la verdad y la vida. Nadie viene al Padre sino por mí»; Obama insistió en que esto es solamente «un versículo en particular» y que su significado depende de cómo se interpretaran esas pocas palabras.[21] Y de manera similar al apoyar la unión civil de homosexuales, ha dicho que no estaba «dispuesto a aceptar una lectura de la Biblia que considere que una frase poco clara en Romanos defina al cristianismo más que el Sermón del monte».[22] Tales declaraciones molestaban mucho a los defensores del cristianismo tradicional porque la Biblia declara que todas sus palabras son «inspiradas por Dios» y «útil para instruir en la justicia».[23] Históricamente los cristianos han creído que ningún versículo puede contrastarse con otro para probar su falsedad.

¿Cuál fue la conversión de Barack Obama esa mañana de un domingo de 1985? Con frecuencia él ha dicho que fue su conversión al cristianismo. Confesó su fe en Jesucristo como el Hijo de Dios que murió por sus pecados y resucitó. Pero aun así negaba en los años que siguieron a su conversión que el cristianismo fuera el único camino a Dios y aplicaba su gran dosis de duda a las doctrinas de su fe: la inspiración de las Escrituras, la cuestión de la vida después de la muerte, los parámetros morales de la tradición. Y no era el único. Porque la mayoría de las principales denominaciones protestantes de hoy comparten su versión temprana del cristianismo, así como también los jóvenes estadounidenses que no van a la iglesia pero que siempre adaptan la fe tradicional a su imagen generacional.

La mayoría de las principales denominaciones protestantes de hoy comparten su versión temprana del cristianismo, así como también los jóvenes estadounidenses que no van a la iglesia pero que siempre adaptan la fe tradicional a su imagen generacional.

Sin embargo, hemos de ser cuidadosos al sacar conclusiones. Porque la fe siempre está en construcción y nadie puede formarse un concepto preciso de otros congelando su imagen en un momento del tiempo. En el corazón de la creencia de Obama siempre ha habido una «Palabra viva de Dios» que siempre revela y amplía, que viene de fuentes inesperadas. Como escribió en *La audacia de la esperanza*: «Cuando leo la Biblia lo hago creyendo que no es un texto estático sino la Palabra viva y que debo estar siempre sensible a nuevas revelaciones, sea que vengan de una amiga lesbiana o de un médico que se opone al aborto».[24] Si hubiera algo cierto en la fe temprana de Obama, era que habría una transformación gradual, creciente pero cierta. Porque como cree en la «Palabra viva», es natural que la «revelación» venga de las fuentes menos comunes y más inesperadas.

Y sí que se produjo esa transformación, esa gradual revelación, como veremos luego, porque en lo religioso Barack Obama hoy no es lo que era en sus primeros tiempos como cristiano, así como no es hoy lo que fue el día anterior a ese domingo transformador de 1985 en Chicago.

LA PREOCUPACIÓN MÁS ACUCIANTE PARA LA MAYORÍA DE LOS ESTADOUNIDENSES, no obstante, es no tanto el cristianismo postmoderno de Obama sino sus más de dos décadas en la Iglesia Unida de Cristo La Trinidad. Las imágenes siguen demasiado vívidas en la memoria del pueblo como para que las ignoren. Son las imágenes del acalorado debate entre Jeremiah Wright con Sean Hannity, de Fox News. Ese sermón en el que Estados Unidos ha sido maldecido por su racismo. Es la insistencia en que el VIH/SIDA consiste en un arma inventada por el gobierno estadounidense para atacar a los negros. La afirmación de que Estados Unidos son un imperio opresivo, parecido a la antigua Roma. El apoyo inclaudicable a la causa de los palestinos. La declaración de que los sufrimientos del 11 de septiembre de 2001 son los frutos de los pecados nacionales de los estadounidenses, la cosecha de lo que sembraron.

Que Jeremiah Wright, notable líder afroamericano, sostenga tales opiniones ofende a muchos estadounidenses. Y que Barack Obama, hoy nuestro cuadragésimo cuarto presidente, se sintiera cómodo bajo su ministerio durante dos décadas es aun más perturbador, según indican las encuestas. La pregunta crítica entonces es: ¿Por qué siguió allí Obama no solo durante veinte años, sino incluso después de que se hicieran públicas las opiniones radicales de su pastor?

Obama ha admitido que sus primeras exploraciones del mundo de la Iglesia La Trinidad fueron pragmáticas. Sus amigos le decían que su labor en la comunidad del sector sur iría mejor si la gente le veía ir a la iglesia, si sabían de dónde venía su fe. Obama lo tomó como verdad. Y no puede haber dejado de notar que asistir a la Iglesia La Trinidad era una sabia movida política, porque esta iglesia grande, muy visible, a la que asisten muchos hombres y mujeres de color de encumbrada posición y marcada actividad política era justo el lugar donde le convenía estar. No se engañó a sí mismo en cuanto a sus motivos para asistir a la iglesia y no dejó de admitirlo más adelante.

Sin embargo, cuando comenzó a visitar la iglesia toda la evidencia indica que la experiencia realmente le cautivó. Merece atención el hecho de que años más tarde cuando se cuestionó su conexión con la Iglesia La Trinidad, Obama enumeró entre sus razones para permanecer allí el hecho de que «el reverendo Wright predicaba el evangelio de Jesús».[25] Es posible que, en parte, fuera así de simple. Había llegado a la Iglesia La Trinidad con un corazón que no encontraba la paz y anhelaba lo que el escepticismo y ateísmo no le habían dado durante su niñez y juventud. Aparte de los más estridentes pronunciamientos del reverendo Wright, la compasión y misericordia de Jesucristo se predicaban con ternura y eso era lo que oía Obama. Se le aseguraba que Jesús, el eterno Liberador, fue ante todo el Salvador que llamaba a los hombres y mujeres para que le reconocieran como Dios y aceptaran su sacrificio por los pecados. Con el tiempo Obama aceptaría como propio a este Salvador y así confirmaría la verdad de San Agustín, padre de la iglesia africana en el siglo cuarto, que escribió: «Nos has formado para ti y nuestros corazones no pueden descansar hasta hallar reposo en ti». Obama había encontrado la respuesta para lo que su alma pedía y solo un corazón cínico rechazaría la posibilidad de que un joven negro de más de veinte años de edad pudiera encontrar la fe mediante la predicación de la Palabra de Dios.

En la Iglesia La Trinidad encontró también la afirmación y celebración de su legado africano. Su exótico origen había sido ya durante mucho tiempo fuente de conflictos para él. Conocía a muy pocos que fuesen como él y pasó gran parte de su juventud explicando que era africano aunque no en realidad un afroamericano, y que tampoco era ni una cosa ni la otra porque su madre era blanca. La Iglesia La Trinidad terminó con el problema. Porque cada domingo, vestido como los demás miembros de su congregación y con la bandera panafricana al frente de la iglesia, en las canciones y sermones que oía, se honraba a África, la tierra de su padre. El reverendo Wright llevaba de viaje a diversos grupos a África casi todos los años, además de invitar a cristianos africanos para que predicaran desde el púlpito de su iglesia, presentando la Biblia como verdad surgida de suelo africano y haciendo todo lo posible por rendir honor esplendoroso a la madre tierra de su raza. Esto ennoblecía a Obama, le traía sanidad, afinando el sentido de su propia existencia y dándole la pertenencia que antes no podía encontrar.

También estaba la visión política de esta iglesia que acababa de encontrar. Si Obama hubiera asistido a una congregación distinta, tal vez hubiera oído un cristianismo predicado como refugio de la realidad, como gesta espiritual divorciada del mundo. Es posible que en alguna otra iglesia se le hubiera exhortado a tan solo buscar la prosperidad personal como señal de la gracia y aprobación de Dios. En cambio, bajo Jeremiah Wright en la Iglesia La Trinidad encontró la sanción teológica de su liberalismo político. Recordemos que mientras Obama investigaba esta iglesia, lo que buscaba era un «contenedor» para los valores que él ya sostenía, queriendo «una comunidad o tradiciones compartidas en las que pudiera arraigar sus creencias más profundas».

Encontró todo esto. La Iglesia La Trinidad era activista, políticamente liberal y predicaba una visión de las Escrituras que anclaba la fe personal a la obligación de cambiar el mundo. A través de la teología de la liberación de Jeremiah Wright, todo esto significaba un visto bueno para las ideas políticas y pasiones que Obama anhelaba conectar a los cimientos de una fe. Era evidente que la voluntad de Dios fuese que Obama estuviera a favor de la elección libre en cuanto al aborto, según Wright, porque esto quería decir que defendía los derechos de las mujeres. Y que apoyara la separación de la iglesia y el estado era funcional para la visión de mantener las manos del opresor alejadas de los púlpitos del país, evitando que la religión «blanca» tuviera el control del poder. Y que hablara en defensa de los criminales, los inmigrantes, los homosexuales o los pobres significaba que seguía los pasos de Jesús, el Liberador, el «Jesús negro» que venía a destruir al «Jesús blanco» de esta generación.

En la Iglesia La Trinidad Obama también encontraría apoyo para su gesta intelectual y profesional. No es casualidad que asistiera a Harvard, fuera abogado, se presentara como candidato a senador en Illinois y buscara la presidencia del país después de iniciar su conexión con dicha iglesia. Esta convocaba a la gente a ascender, creando un entorno de aprendizaje y logros, presentando como modelo la búsqueda de la excelencia intelectual. Tal vez algún otro pastor bromeara diciendo que el seminario es un cementerio y que los creyentes podían «adquirir conocimientos pero perder el fuego». Jeremiah Wright, por su parte, era un hombre con cuatro diplomas y, como escribiera Obama luego, «usaba palabras de veinticinco centavos» habitualmente. Solo contrataba personal culto, ponía a profesores universitarios a cargo de las clases de la escuela dominical y se esforzaba por lograr que los jóvenes de su iglesia asistieran a las escuelas de mejor reputación en el país. Para entender un sermón de Jeremiah Wright habría que conocer algo de la historia del Medio Oriente, algo de griego, de hebreo, las enmiendas de la Constitución de Estados Unidos, las causas de la Segunda Guerra Mundial, la política de Sudán y detalles de cómo se contagia la sífilis.

> *La Iglesia La Trinidad convocaba a la gente a ascender, creando un entorno de aprendizaje y logros, presentando como modelo la búsqueda de la excelencia intelectual.*

A Obama todo este entorno le parecía fantástico. Alimentaba su curiosidad intelectual, respondía a sus preguntas teológicas y honraba su intención de ascender en base a su intelecto.

La Iglesia La Trinidad le ofreció muchas cosas buenas a Obama y entre ellas, el sentido de pertenencia. Aunque llegó a la fe siendo ya hombre, su alma era la del niño que anhela un padre, una tribu a la que pudiera llamar suya. Esta iglesia le dio eso. Jeremiah Wright se convirtió en su padre espiritual y la iglesia llegó a ser una familia de gran corazón, como nunca había conocido. Muchos de los que estudian la historia e ideas de Barack Obama, preocupados por la política y la raza, no llegan a comprender esta sencilla dicha que le ofreció la Iglesia La Trinidad. Allí Obama encontró abrazos, comidas compartidas, historias en común. El reverendo Wright podía hacer reír a una multitud y hacer que les durara la sonrisa durante toda la semana. No había nadie que disfrutara de esto tanto como Obama. Había reuniones de grupos pequeños, partidos de baloncesto, cenas y almuerzos para llevar a los enfermos. También, rituales sagrados para marcar los momentos de la vida y ceremonias para definir las estaciones del año. Obama pudo echar raíces en este suelo que le daba la bienvenida. Se bautizó y se casó allí. En esa grey también dedicó a sus hijos, y fue allí donde invirtió su tiempo y dinero. Formaba parte de la Iglesia La Trinidad, la cual representaba la conexión más duradera de su vida. Era su único hogar espiritual y quizá, la relación más definitoria que hubiera conocido antes de ser presidente.

Decidió seguir asistiendo. Aun después de que los sermones de Jeremiah Wright le avergonzaran y dañaran su campaña presidencial. Incluso cuando la prensa le acorraló y se encontró en medio del fuego cruzado de la batalla política por culpa de los excesos de su reverendo. Siguió asistiendo porque allí había encontrado una fe, un pueblo, un contenedor para sus creencias que tanto había querido tener. Y siguió asistiendo porque esta iglesia se convirtió en la fuente de su visión política dándole el marco religioso a su sentido de vocación profesional. Pero había más que todo eso y nos ayuda a responder mejor la pregunta que tantos se han estado formulando: ¿Por qué no se retiró de inmediato cuando estalló la tormenta provocada por Wright?

Lo pensó e incluso habló con el pastor de otra congregación grande e importante para ver si cambiaba de lugar de pertenencia. Pero decidió quedarse porque en el momento de la crisis hacía ya más de dos décadas que asistía a la Iglesia La Trinidad y esto formaba parte de su historia, de su pertenencia, algo que para él lo era todo. Se quedó porque había visto crecer a sus hijas con el orgullo de ser nietas de África, algo que otra iglesia tal vez no habría logrado. Y se quedó porque había aprendido a «comer el pollo y escupir los huesos», escuchando un sermón con atención para distinguir entre la revelación de Dios y la personalidad de un hombre. Siguió en esta iglesia porque uno no abandona a su familia, no deja a su padre espiritual al costado del camino a merced de alimañas y delincuentes. Se quedó allí además porque en general, concordaba con Wright. No con esa retórica violenta y rebuscada, sino con la subyacente causa de la raza negra en el mundo y con la obra de justicia para liberar a los oprimidos. Se quedó porque, como dijo en su discurso para explicarlo todo ante un mundo que negaba el perdón: «No puedo repudiarlo, como tampoco puedo repudiar a la comunidad negra». ¿Qué más podía hacer? Este era su padre. Esta era su tribu. ¿Cómo podría abandonarlos?

Y sin embargo llegó el día de la separación. Llegó porque el reverendo Wright dejó en claro que le importaba más la causa de la teología negra que las aspiraciones políticas de su hijo espiritual. Llegó porque Wright parecía encontrar deleite al provocar a la prensa con sus dichos, con su discurso en el Club Nacional de la Prensa del 28 de abril de 2008, uno de los ejemplos más acabados de su exposición al ridículo. El día de la separación llegó porque durante las acaloradas batallas de la campaña presidencial de Obama hasta los disertantes invitados de la iglesia, como el sacerdote católico romano Michael Phleger, hacían alarde y escupían veneno político. Llegó la separación, seguramente, porque Obama pudo ver que sus oponentes políticos vendrían por él y que harían de su asociación con la Iglesia La Trinidad y Wright el punto de partida para un ataque de la derecha. Sin embargo, ese día llegó con mucha tristeza y dolor, ante los años perdidos y el dolor que la política impone sobre la vida privada. De todos modos, llegó ese día y esa separación, dejando un vacío y una herida que probablemente jamás dejen completamente la vida de Barack Obama.

Hay que reconocer que Obama intentó convertir este episodio doloroso y humillante en algo que le redimiera, con su discurso sobre *A More Perfect Union* [Una unión perfecta], que ha sido uno de los mejores de su vida. Si no podía impedir que la primera plana de los periódicos estadounidenses hablara de su vida espiritual, entonces iba a usar la oportunidad para sanar lo que se había dañado en la vida de la nación, e incluso quizá podría mejorar su suerte política al mismo tiempo.

> *Si no podía impedir que la primera plana de los periódicos estadounidenses hablara de su vida espiritual, entonces iba a usar la oportunidad para sanar lo que se había dañado en la vida de la nación, e incluso quizá podría mejorar su suerte política al mismo tiempo.*

El discurso que dio el 18 de marzo de 2008 en el Centro de la Constitución Nacional de Filadelfia, fue un intento no solo por explicar lo que vinculaba a Obama con Jeremiah Wright y la Iglesia Unida de Cristo La Trinidad, sino que buscaba ayudar a los norteamericanos a entender el sentido de la experiencia de la iglesia negra. Ante todo, primero Obama tenía que mostrar que entendía el enojo y la ofensa:

Ya he denunciado en términos inequívocos las afirmaciones del reverendo Wright que tanta controversia causaron. Pero todavía quedan ciertas preguntas de parte de algunos. ¿Sabía yo que ocasionalmente criticaría con tal ferocidad la política interna y externa de Estados Unidos? Sí, por supuesto. ¿Alguna vez le oí decir algo que pudiera causar controversia, estando yo en la iglesia? Sí. ¿Estaba en desacuerdo con muchas de sus opiniones políticas? Absolutamente, así como sé con seguridad que muchos de ustedes han oído decir cosas que no les gustan a sus pastores, sacerdotes o rabinos.

Ahora, no iba a permitir que esta controversia fuera nada más que una diferencia de opinión entre un pastor y un miembro de su congregación. Lo que estaba en juego era algo más profundo, más grande:

> Las observaciones que han dado lugar a este ataque reciente no fueron solamente controversiales. No se trató del esfuerzo de un líder religioso, que busca denunciar algo que percibe como injusticia. Más bien, fueron la expresión de una perspectiva profundamente distorsionada de este país, una visión que ve el racismo blanco como endémico y que pone por sobre todas las cosas buenas de Estados Unidos, lo que está mal; una visión que ve que los conflictos de Medio Oriente tienen su origen primario en las acciones de aliados firmes como Israel, en lugar de verlas como emanaciones de las perversas y detestables ideologías del islamismo fundamentalista.

> Por eso, los comentarios del reverendo Wright no solo han sido errados sino también, causa de división. De división en un momento en que necesitamos unidad; con una carga racial en este momento en que necesitamos estar juntos para resolver una cantidad de problemas enormes: dos guerras, una amenaza terrorista, una economía en crisis, una crisis crónica en salud, un cambio climático con potencial para la devastación. Son problemas que no pueden ser negros ni blancos, ni latinos ni asiáticos. Son problemas que nos afectan a todos.

Aun así Obama quería que Estados Unidos entendieran por qué iba a seguir en una iglesia en la que a menudo el pastor decía cosas que no le parecían bien, quería ayudar para que le entendieran.

Preguntarán: ¿por qué me iba a relacionar con el reverendo Wright entonces? ¿Por qué no ir a otra iglesia? Tengo que confesar que si lo único que conociera del reverendo Wright fueran esas diminutas porciones de sermones que he visto una y otra vez en televisión o en YouTube, o si la

Iglesia Unida de Cristo La Trinidad fuera la caricatura con la que lucran tantos comentaristas, sin duda yo también reaccionaría de la misma manera.

Sin embargo, la verdad no es esa. Porque yo conozco al hombre mucho más que eso. El hombre al que conocí hace más de veinte años es el mismo que me ayudó a conocer mi fe cristiana, el hombre que me habló de nuestras obligaciones de amarnos los unos a los otros, de cuidar a los enfermos, de aliviar al pobre. Es un hombre que ha servido a su país como marine de Estados Unidos, que ha estudiado y dado conferencias en algunas de las mejores universidades y seminarios del país, y que durante treinta años ha sido el líder de una iglesia que sirve a la comunidad haciendo la obra de Dios aquí en la tierra: dando casa a los que no tienen techo, ministrando a los necesitados, brindando servicios de guardería, becas, ministerio a los que están presos, llegando a los que sufren de VIH/SIDA.

Luego, casi en tono de ruego, Obama le pide a su audiencia que entiendan que la iglesia negra no es como las demás. No es algo que pueda uno tomar o dejar, así como así. Es algo de lo que uno forma parte, como parte de la trama, algo que forma y moldea a tal punto que uno no puede concebirse a sí mismo sin que forme parte de la ecuación.

Como sucede con otras iglesias predominantemente negras del país, la Iglesia La Trinidad representa a la comunidad negra en su totalidad: al doctor y a la madre que vive de la ayuda social, al estudiante modelo y al expandillero. Al igual que otras iglesias negras, los cultos de la Iglesia La Trinidad se llenan de risas potentes y a veces, de un humor dudoso. Se llenan de danza, de aplausos, de gritos que para el que no está acostumbrado, suenan a locura. La iglesia contiene y abarca todos los matices de la bondad y la crueldad, de la inteligencia y la suma ignorancia, de las luchas y los éxitos, del amor y sí, la amargura y la parcialidad que conforman la experiencia de ser negro en Estados Unidos.

Y por eso, tal vez, es que se puede entender mi relación con el reverendo Wright. Porque por imperfecto que pueda ser, es como parte de mi familia. Ha reforzado mi fe, ofició mi boda y bautizó a mis hijas. No ha habido ocasión alguna en mis conversaciones con él en que le haya oído hablar con desprecio de ningún grupo étnico, ni le he visto tratar a los blancos de otro modo que no haya sido con cortesía y respeto. Él contiene dentro de sí las contradicciones, lo bueno y lo malo, de la comunidad a la que ha servido con tanta diligencia durante tantos años. Y no puedo negar a este hombre, como no puedo negar a la comunidad negra.

El discurso duró treinta y siete minutos. Y cumplió su cometido. La nación empezó a hablar de la raza con el vocabulario crudo, transparente, que usa la generación de los más jóvenes. La iglesia negra en su particularidad, fue tema de debate en seminarios y programas de televisión. Y la apuesta de Barack Obama por la presidencia se hizo más popular todavía, según las principales encuestas. Incluso Newt Gingrich, ese conservador acérrimo, dijo que había sido un discurso «valiente».

Lo más importante fue que el discurso revelaba el alma de Obama. Ahora, pasada la prueba del fuego político y el ataque religioso, ya no era el «trágico mulato atrapado entre dos mundos», como se había definido tiempo antes. Ya no era el vagabundo sin raíces, sin lugar, sin pertenencia, que mira como en una vidriera desde afuera a los creyentes en una fe que él no tenía. No, porque ahora pertenecía. Ahora sabía quién era. Era un hombre negro. Y cristiano. Y miembro de la iglesia negra. Un norteamericano, un hombre

> *Sabía quién era. Era un hombre negro. Y cristiano. Y miembro de la iglesia negra. Un norteamericano, un hombre que amaba a su país y que sabía que su nación podía ser mejor, en particular para su gente de color.*

que amaba a su país y que sabía que su nación podía ser mejor, en particular para su gente de color.

Pero tenemos que recordar que ni la conversión de Obama ni sus años en la Iglesia La Trinidad serían tan importantes si no fuera porque cree que la fe debe influir en el modo de gobernar, que la religión tiene su rol legítimo en el mercado de las ideas políticas. Y esto adquiere importancia no solo porque se aparta del tradicional secularismo de la izquierda política sino por los valores religiosos tan particulares que Obama trajo consigo a la Oficina Oval. Es un compromiso que le ha empujado a batallas políticas difíciles, que le ha obligado a escudriñar su alma dolorosamente, y que le ha llevado a la vanguardia de una nueva clase de política basada en la fe, como veremos ahora.

Ann Dunham con su hijo, Barack. Obama escribió: «A pesar de su profesado secularismo, mi madre en muchos aspectos fue la persona más despierta espiritualmente de todas las que conocí en mi vida».

La alegría de jugar con las olas: Barack, jugando en el mar cerca de Honolulu.

El pequeño Barack Obama se deleita con su bate de béisbol durante su infancia en Hawai.

Un niño feliz: la perpetua sonrisa de Barack refleja la satisfacción de su niñez a principios de la década de 1960.

Su padre biológico abraza a Barack en el Aeropuerto de Honolulu, a principios de la década de 1970. Sería la última vez que Barack viera al hombre que le dio su nombre.

Barack, su madre Ann, y su hermana Maya junto a Lolo Soetoro, quien llevó a la familia a vivir a Indonesia y luego le enseñó al joven Barack su amplia y sincrética visión del islam.

*Stanley y Madelyn Dunham abrazan al Barack adolescente.
Su amor, su fe y sus idiosincrasias tendrían un impacto
perdurable en la vida del joven.*

*Barack cuando estudiaba en la Universidad de Columbia,
explorando las glorias de la Ciudad de Nueva York.*

«Adoramos a un Dios maravilloso en los Estados Azules»: el discurso en la Convención del Partido Demócrata en 2004, donde todo comenzó.

*«No puedo repudiarlo, como tampoco puedo repudiar
a la comunidad negra»: Barack Obama y el reverendo
Jeremiah Wright, Jr.*

Natasha y Malia Ann Obama con sus padres, Barack y Michelle.

Presidente Barack Obama con la Primera Dama Michelle y
sus hijas Malia y Natasha (Sasha)

«Mis raíces están en la tradición cristiana»:
Barack Obama en oración.

La «gesta improbable» de Barack Obama le lleva a la nominación como candidato demócrata para la presidencia en 2008.

4

Los altares del estado

El candidato estaba en la mira de los ataques. La larga y ardua campaña había erosionado los buenos modales y ahora comenzaba el bombardeo. Uno y otro lado habían infligido heridas graves. Uno y otro sufrían a causa de los golpes. Y todavía no estaban en lo peor de la batalla.

El adversario del candidato era un hombre mucho mayor que él, que afirmaba que la religión estaba de su lado. Era predicador, conocido por muchos en su época, y estaba deseoso de que la fe entrara en esta lucha. Años antes se habían enfrentado en una pelea religiosa bastante desagradable. En esa ocasión, el predicador había salido victorioso, por lo que pensaba utilizar ahora las mismas tácticas.

El candidato no estaba preparado. La prensa informaba que era «un infiel», que su esposa tenía el corazón frío de los de la iglesia episcopal y que se le había oído decir que los que iban a la iglesia no eran mejores que los borrachos. Las malas lenguas decían que el candidato no aceptaba a Jesús ni a las doctrinas de la fe cristiana. De hecho, algunos informaban que el candidato había afirmado una vez que «Cristo era bastardo».

En el comienzo, el candidato solo se remitió a protestar con voz débil. Dijo del predicador: «Jamás en su vida me oyó decir palabra alguna que indicara cuáles son mis opiniones en cuanto a los asuntos religiosos». Luego dirigió su ataque a lo personal, recordándole a la prensa que el predicador no era un hombre que despertara afectos, que era el tipo de persona que una vez tras asistir a un servicio se había quejado de que las oraciones de un diácono eran tan frías que «con tres de esas oraciones el infierno quedaría congelado».

Todo esto no sirvió para aplacar la tormenta y el candidato vio que tendría que ocuparse directamente de las cuestiones relacionadas con su fe. Sí, era cierto (admitió en público) que no era miembro de una iglesia cristiana. Pero también era mentira que hubiera hablado en contra de las Escrituras o que hubiera mostrado falta de respeto hacia la religión en general. Sí, era verdad que en su juventud había atacado las afirmaciones del cristianismo en cuanto a lo sobrenatural, pero eso fue en ese entonces. Ahora no podía concebir el apoyo a un hombre que se postulaba como candidato aun siendo conocido como enemigo de la religión. Su oponente ya lo sabía, sin embargo hacía circular mentiras sobre él con fines meramente políticos.

Siguieron los golpes y las heridas se hicieron más profundas. Pero al final, el candidato ganó.[1]

Fue una victoria que dejó secuelas. Porque la batalla religiosa que tuvo que soportar no le había llevado más cerca de Dios. Más bien, despertó en él más dudas y confusión de las que tenía antes. ¿Cómo podría abrazar la fe de su oponente (nada menos que un predicador) que mentía y apuñalaba las almas de los hombres con el mero fin de ganar unos votos?

Las respuestas llegaron con el paso de los años porque con el tiempo y la distancia vino también el bálsamo para las heridas. El candidato seguiría en la política, hasta que llegó muy alto. Habría tragedia también: las muertes de hijos suyos, una guerra sangrienta y las dificultades de la vida y la condición de hombre, comunes a las de todas las épocas. Cuando todavía ocupaba su banca el candidato encontraría a su Dios y una fe tan poderosa que la ofreció a su nación en los términos más tiernos y conmovedores en toda la historia en lo que a un estadista se refiere.

Fue tan profundo este cambio en su alma que en la noche de su muerte se volvió a su esposa y dijo que cuando hubiera cumplido con su servicio a su país quería ir a Jerusalén para caminar por donde había caminado su Maestro. No podría cumplir su deseo pero la esperanza y la fe que alimentaba a esta esperanza, hicieron mucho para sanar a su nación.

¿Quién era este infiel? ¿Este incrédulo? ¿Este candidato del que se decía que carecía de fe como para ocupar un puesto público?

Su nombre era Abraham Lincoln.

En su tercera reunión con el presidente George W. Bush, Barack Obama se encontró del lado de quien recibe consejos políticos. «Tienes un futuro brillante», dijo el presidente. «Muy brillante. Pero hace tiempo que estoy en esto y quiero decirte que puede ser muy duro. Cuando tanta gente centra la atención en uno como sucede contigo, la gente comienza a apuntar hacia ti. Y no necesariamente vendrán de mi lado los ataques, sabes. Vendrán también del tuyo. Todos estarán esperando un traspié, ¿entiendes? Así que, cuídate».

Mientras Obama todavía sopesaba las advertencias del presidente, Bush parecía querer explicarle al joven senador de Illinois lo que es el sentido de la conexión.

—Sabes, tú y yo tenemos algo en común —dijo Bush.

—¿Qué cosa?

—Ambos tuvimos debate con Alan Keyes. Es un tipo especial, ¿no es verdad?[2]

Fue algo que a Obama le causó gracia porque de hecho había debatido con Alan Keyes, derrotándolo decisivamente en su postulación al senado en 2004. Pero el recuerdo no había sido dulce porque la batalla entre Obama y Keyes por el senado estadounidense se convirtió en una contienda entre dos formas de ver el mundo, un microcosmos que contenía los temas religiosos más importantes de la escena política de Estados Unidos. Fue una experiencia dolorosa que empujó a Obama hacia un período de análisis de su alma, de reexaminar sus pensamientos para templar la espada religiosa que blandiría luego en el escenario nacional.

La batalla con Keyes se produjo a través de un proceso que hizo que algunos llamaran a Obama «el político más afortunado de todos los cincuenta estados».[3] Al anunciar su candidatura a senador, Obama se unió a un poblado y nutrido grupo de personas por las primarias demócratas. Casi de inmediato sus dos oponentes más fuertes sufrieron daños fatales en el terreno político: uno, acusado de reunir inadecuadamente aportes para su campaña, y el otro, tildado de abusador y violento con su esposa cuando se revelaron detalles sobre su divorcio. Obama ganó las primarias y luego debió enfrentar al republicano Jack Ryan en la elección general. David Mendell observó en *Obama: From Promise to Power* [Obama: de la promesa al poder]: «Ryan parecía formar parte de un elenco cinematográfico. Era alto, delgado, de mandíbulas angulosas, educado en universidades elitistas, elocuente y había hecho fortuna como banquero de inversiones para luego dedicar algunos años a la enseñanza en una escuela secundaria privada de los barrios pobres del centro de Chicago. Promovía un conservadurismo compasivo y capitalista al estilo de Jack Kemp».[4]

La inminente campaña prometía ofrecer el espectáculo de la clásica pelea en la política estadounidense, y lo que la hacía más atractiva aún era la enorme brecha entre ambos candidatos en cuanto a personalidad, principios y dinero. Pero no fue así. A poco de iniciada la campaña, se hicieron públicos los detalles del divorcio de Ryan de la actriz Jeri Ryan. Los relatos de los rituales sexuales extraños, de la humillación de verse forzada al sexo más degradante en clubes de todo el mundo, fueron demasiado para la imagen de «valores de familia» que Ryan intentaba mantener. En pocas semanas más abandonó la carrera dejando a su partido en una crisis.

Entonces llegó Alan Keyes, que admitió haberse visto obligado a participar de la contienda a instancias de un desesperado Partido Republicano de Illinois que le hizo venir desde Maryland como único candidato viable y posible a esa altura de los acontecimientos. Este hombre que desde hace tiempo expresaba con elocuencia los valores más conservadores, que tenía credenciales de Harvard, del Servicio Exterior de Estados Unidos, del gobierno de Reagan y que había participado en dos campañas por la presidencia, se había ganado un nombre como orador y contendiente preciso y poético que hacía recordar a los púlpitos negros. Entró en la carrera de Illinois mayormente para avanzar la agenda conservadora. Tal como lo explicó a la audiencia de la Radio Pública Nacional: «Están haciendo ustedes lo que creen necesario debido a su respeto hacia la voluntad de Dios y pienso que eso es justamente lo que yo estoy haciendo en Illinois».[5]

Desde el principio Keyes enfrentó grandes críticas por ser un «advenedizo» porque nunca había residido en Illinois, por haber criticado duramente a Hillary Clinton de Arkansas durante su campaña como candidata al senado en Nueva York diciendo que la movía «la más pura y planificada ambición egoísta», y por tener como única propiedad en el estado un departamento alquilado en el centro de Chicago. Era claro que lo habían convocado para contrarrestar la rutilante imagen de Obama. Un senador admitió burdamente ante Obama: «Tenemos a un tipo negro, conservador y educado en Harvard para enfrentar al tipo negro liberal educado en Harvard. Tal vez no gane pero al menos podrá hacer que el halo que tiene usted sobre la cabeza termine en el suelo».[6]

Para Obama, Keyes resultó ser una cruza entre «un predicador pentecostal y William F. Buckley», un hombre que no podía «ocultar lo que claramente consideraba que era su superioridad moral e intelectual».[7] La elevada oratoria y aguda crítica de Keyes eran de corte indudablemente cristiano, conservador y moralista. Insistía en que Obama alentaba al genocidio de los negros al apoyar el aborto. Alegaba que el joven senador evidenciaba «una asombrosa ingenuidad» respecto de la guerra en Irak, «ignorancia» sobre la Constitución de Estados Unidos, y que respaldaba una agenda homosexual «hedonista». Tal vez lo más injurioso fue que Keyes acusara a Obama de ser un hombre de fe solo «cuando le conviene para obtener votos. Pero en los momentos duros cuando hay que seguir esa fe y explicarla, defenderla y dar testimonio... aduce que hay que separar a la iglesia del estado, algo que no aparece en ningún lugar de la Constitución y que por cierto tampoco se encuentra en las Escrituras».[8]

En síntesis, insistía Keyes, «Cristo no votaría por Barack Obama porque Barack Obama ha votado por comportarse de manera inconcebible e incompatible con la conducta de Cristo».[9] El periódico Chicago Tribune registró uno de los momentos más dramáticos del debate en que Keyes abrió los brazos y dijo: «Cristo está aquí y el senador Obama está allá. No se ven iguales para nada».[10]

> *«Lo que sí les interesa son las soluciones a problemas como el empleo, la salud y la educación. No estoy haciendo campaña para ser ministro o predicador de Illinois. Estoy haciendo campaña para ser senador de Estados Unidos».*

Fue un sacudón para Obama al principio, pero se recuperó muy pronto. Contraatacó diciendo que no necesitaba que Keyes le diera lecciones sobre el cristianismo. «Para eso tengo a un pastor. Por eso tengo una Biblia. Por eso tengo mis propias oraciones. Y no creo que ninguno de ustedes sienta interés particular en que el señor Keyes les dé sermones sobre la fe. Lo que sí les interesa son las soluciones a problemas como el empleo, la salud y la educación. No estoy haciendo campaña para ser ministro o predicador de Illinois. Estoy haciendo campaña para ser senador de Estados Unidos».[11]

Cuando Keyes acusó al liberalismo de ser inmoral Obama contestó con artillería pesada: «Creo que hay algo inmoral en que alguien que perdió su empleo después de veinte años no tenga seguro de salud, o vea amenazada su pensión de retiro. Creo que hay algo de inmoral en los jóvenes que tienen calificaciones y ganas de ir a la universidad pero no pueden hacerlo por falta de recursos. Hay millones de personas en este estado que están pasando por momentos duros y Washington no los escucha. Y tampoco los escucha el señor Keyes».[12]

Fue una pelea política a gran escala, basada en la fe. Pero en realidad Keyes en ningún momento tuvo la oportunidad de ganar. Tenía menos personas que lo ayudaran. Tenía menos dinero. Había entrado demasiado tarde a la contienda. Cuando todo concluyó, Obama ganó con un margen de más del 40% de los votos. Las encuestas mostraban que aunque muchos admiraban a Keyes, pensaban que sus excentricidades (como cuando inexplicablemente durante una entrevista empezó a cantar una canción espiritual de negros o cuando asombró hasta a los republicanos sugiriendo que los negros con antecedentes de esclavitud gozaran de exención de impuestos) le restaban aptitud para ocupar un puesto en el senado. Obama luego dijo: «Alan Keyes fue un adversario ideal: lo único que tuve que hacer fue mantener la boca cerrada y empezar a planificar mi ceremonia de juramentación».[13]

Sin embargo, esta actitud casi arrogante buscaba ocultar la incertidumbre que Keyes había despertado en el alma de Obama. No podría avanzar y dejarlo atrás, sepultado en el recuerdo como lo había hecho en la victoria política. Keyes representaba una lucha que continuaría durante meses, así como durante la campaña, una lucha en su mente a partir del choque de visiones del mundo que él y Keyes representaban.

Le irritaba que Keyes «afirmara hablar en nombre de mi religión y mi Dios. Afirmó conocer ciertas verdades. El señor Obama dice que es cristiano, nos decía, pero apoya un estilo de vida que la Biblia califica como abominación. El señor Obama dice que es cristiano y sin embargo apoya la destrucción de vidas sagradas e inocentes».[14]

Al reflexionar sobre la campaña Obama supo que sus respuestas no habían sido contundentes: «¿Qué quisieran mis partidarios que diga yo? ¿Cómo he de responder? ¿Diciendo que la lectura literal de la Biblia es necedad, o que el señor Keyes, católico romano, debe ignorar las enseñanzas del Papa?» Este era un hombre dudando de sí mismo, irritado por no haber podido aprovechar el momento con más gracia: «No queriendo entrar en ese tema respondí con lo que se ha vuelto la respuesta liberal típica en tales debates, y dije que vivimos en una sociedad pluralista donde no puedo imponer mis creencias religiosas y que lo que quería era ser senador de Illinois y no su ministro o predicador».[15]

Aun así su retórica no había sido resonante y lo sabía. Y además, sabía que había perdido una oportunidad inmejorable. El debate entre los dos hombres de color y elocuentes «reflejaba un debate más amplio que se ha continuado en este país durante los últimos treinta años acerca del papel de la religión en la política». Este debate también se libraba en el interior de Obama y durante meses siguió meditando en lo que había pasado en el otoño de 2004. Para el verano de 2006 parecía haber tomado una decisión y resuelto sus creencias en cuanto a la fe y la democracia. En una conferencia titulada «De la pobreza a la oportunidad: un pacto para una nueva Norteamérica», auspiciada por la organización Sojourners del progresista Jim Wallis, Obama dio un discurso que mostró no solo los frutos de su reciente examen del alma sino que sirvió como declaración de valores para la emergente Izquierda Religiosa.[16]

> «Si no llegamos a los cristianos evangélicos y a otros estadounidenses religiosos y les decimos qué es lo que defendemos, los Jerry Falwell, los Pat Robertson y los Alan Keyes seguirán ejerciendo el dominio».

Obama advirtió a los progresistas: «Si no llegamos a los cristianos evangélicos y a otros estadounidenses religiosos y les decimos qué es lo que defendemos, los Jerry Falwell, los Pat Robertson y los Alan Keyes seguirán ejerciendo el dominio», y le recordó a la Izquierda que en Estados Unidos: «El 90% de nosotros cree en Dios, un 70% profesa alguna religión organizada y el 38% se autoproclama cristiano comprometido, y hay muchas más personas en Estados Unidos que creen en los ángeles y no en la evolución».

Luego, apartándose sorprendentemente del legado secular de la Izquierda política, Obama declaró que «los secularistas se equivocan cuando les piden a los creyentes que dejen su religión en la puerta antes de entrar en la arena pública... decir que los hombres y las mujeres no deben imbuir de "moral personal" los debates políticos es absurdo. Nuestra ley, por definición es un código de moral y se basa mayormente en la tradición judeocristiana».

Los progresistas entonces debían dejar de lado su sesgo antirreligioso tal vez para encontrar «algunos valores que se superponen porque son compartidos tanto por los religiosos como por los seculares en lo referente a la dirección moral y material de nuestro país... Y quizás nos demos cuenta de que tenemos la habilidad de llegar a la comunidad evangélica, y fomentar la participación de millones de estadounidenses religiosos en el gran proyecto de la renovación estadounidense».

Este fue entonces el mensaje de Obama para la Izquierda política: dejen de rechazar a la gente de fe y busquen en cambio un terreno común. Pero a la Derecha también le ofreció «algunas verdades que tienen que reconocer». Ante todo los conservadores, y en particular los de la Derecha Religiosa, deben reconocer «el importante rol que ha tenido la separación de la iglesia y el estado en Estados Unidos». Insistió Obama: «Más allá de lo que hayamos sido hoy ya no somos una nación cristiana solamente. Somos también una nación judía, una nación musulmana, una nación budista, una nación hindú y una nación de no creyentes».

El párrafo que siguió a esta amonestación fue uno de los más reveladores en su discurso:

> Y aun si solamente tuviéramos cristianos, si expulsáramos a todo el que no sea cristiano de Estados Unidos de América, ¿el cristianismo de quién enseñaríamos en las escuelas? ¿Seguiríamos la perspectiva de James Dobson o la de Al Sharpton? ¿Qué pasajes de las Escrituras deberían guiar nuestra política pública? ¿Elegiremos Levítico, que sugiere que la esclavitud está bien y que comer mariscos es abominación? ¿O Deuteronomio que sugiere que hay que apedrear al hijo que se aparta de la fe? ¿Tal vez elijamos mejor el Sermón del monte, un pasaje tan radical que dudo si nuestro Departamento de Defensa sobreviviría a su aplicación?

Así que, antes que nos dejemos llevar por nuestros impulsos, leamos nuestras Biblias. Hay muchos que no lo han estado haciendo.

Al insistir en la necesidad de separar la iglesia y el estado Obama mostró equilibrio, convocando lo que algunos llamaron luego «Cordura de la Primera Enmienda»:

Sin embargo, también hace falta que el sentido de la proporción guíe a quienes vigilan los límites entre la iglesia y el estado. No toda mención de Dios en público es trasgresión a este muro de separación. Hay que ver el contexto. Dudo que los niños que recitan la promesa de lealtad sientan que les oprimen o les lavan el cerebro como consecuencia de tener que decir la frase «por Dios». A mí no me sucedió. Los grupos voluntarios de oración entre estudiantes utilizan las instalaciones de las escuelas, y esto no debiera sonar a amenaza porque tampoco lo es para los demócratas el hecho de que las usen los republicanos de la escuela secundaria.

A la luz del pluralismo estadounidense, entonces Obama insistía en que la religión debía cambiar su voz al entrar en la escena pública. «La democracia exige», sostuvo:

Que los de motivación religiosa traduzcan sus preocupaciones a valores universales y no específicos de su religión. Requiere que sus propuestas puedan someterse a debate y al uso responsable de la razón. Tal vez me oponga al aborto por razones religiosas pero si busco promulgar una ley que prohíba esta práctica, no puedo tan solo remitirme a las enseñanzas de mi iglesia o evocar la voluntad de Dios. Tengo que explicar por qué el aborto viola algún principio accesible a la gente de cualquier religión, incluyendo también a los que no profesan fe alguna.

Y finalmente, sintiendo todavía el ardor de los ataques de Alan Keyes, Obama afirmó:

Tengo la esperanza de que podamos cubrir las brechas que tenemos y vencer los prejuicios que cada uno de nosotros trae a este debate. Y tengo fe en que millones de estadounidenses que creen desean que eso suceda. No importa si son religiosos o no, la gente está cansada de ver que se usa la fe como arma de ataque. No quieren que se use la fe para despreciar o dividir. Están cansados de oír más cháchara que sermones. Porque a fin de cuentas eso no es lo que piensan con respecto a la fe en sus propias vidas.

Este discurso sería uno de los más significativos en la vida de Obama. De tono moderado, su bienvenida a la fe dentro de la arena pública insistía sin embargo en que las personas de fe debían conducirse en el debate público según los valores democráticos y con ello se convirtió en lo que Obama quería que fuera: un llamado a la reforma, la redefinición del rol de la religión en la vida política estadounidense. Enseguida sus palabras fueron objeto de debates en los programas de televisión por cable, oídas por decenas de miles de personas en YouTube y discutidas ferozmente desde todas las perspectivas políticas en sitios de la Internet.

El columnista E. J. Dionne del *Washington Post* declaró que había sido «el pronunciamiento más importante de un demócrata sobre la fe y la política desde el discurso de John F. Kennedy en Houston en 1960, donde declaraba su independencia del Vaticano».[17] Incluso algunos conservadores se mostraron impresionados. Peter Wood, de la Universidad King de Nueva York admitió en el National Review que el intento de Obama «por injertar la rama del cítrico de la piedad cristiana al árbol de cicuta del Partido Demócrata tal vez rindiera fruto».[18]

Quien no se dejó impresionar, sin embargo, fue la Izquierda secular. «Más basura sobre Dios y la patria del partido que debiera saber ya que eso no sirve», dijo un firmante enojado en un blog de inclinaciones izquierdistas. Al creer que la religión no tiene rol legítimo en el gobierno o la política pública, los que preferían un liberalismo más secular y tradicional encontraban en el discurso de Obama poco más que traición, la mera danza religiosa que hoy se requiere de los políticos a causa del ritmo impuesto por la Derecha Religiosa.

No obstante, fue de parte de la misma Derecha Religiosa que surgieron las más duras críticas. Porque aunque Obama había tratado de dirigirse a este segmento de Estados Unidos, aunque había intentado convocarles a la escena pública urgiéndoles a la razón y a un tono más democrático, el discurso de Obama logró solo sacar a la luz las grandes diferencias entre la Derecha Religiosa y una Izquierda Religiosa que empezaba a surgir. Es esencial entender esas diferencias y confrontar la feroz oposición de la derecha más acérrima para entender no solo parte de las líneas de batalla en la política estadounidense de hoy sino también a la oposición religiosa que tal vez deba enfrentar Obama a lo largo de su carrera pública. Es la Derecha Religiosa y su insistencia en una visión política del mundo que emerge sin obstáculos de las Escrituras contendiendo sin alteraciones en la escena pública lo que conforma la oposición intelectual más importante para Obama. Esa Derecha ha sido guardiana de la llama religiosa en la política de Estados Unidos, guardiana principal de una forma de política pública con base bíblica. Esa Derecha ha sido la que siempre criticó la religión civil, esa fe de la que acusan a Obama hoy, surgida de los valores seculares del estilo de vida norteamericano. Y esa Derecha Religiosa sospecha de la sinceridad del discurso de Obama, en particular al considerar su respuesta ante lo que para ellos es el tema divisorio de esta generación: el aborto.

PARA LA MAYORÍA DE CONSERVADORES RELIGIOSOS EL DISCURSO DE OBAMA fue nada más que liberalismo con envoltorio nuevo, dirigido a una generación nueva y más sensible a la fe. Norteamérica ya no es una nación cristiana y los tradicionalistas debieran despertar a las realidades de una sociedad pluralista, es el mensaje que oyeron de Obama. Ya los mandamientos de Dios no son bienvenidos en la escena pública. Ahora las personas de fe deben expresarse sin esgrimir «valores específicos de su religión». ¿Y qué hay de ese llamado al «gran proyecto de la renovación estadounidense»? No es más que la visión de Obama acerca de la intrusión del gobierno, la frase en código que identifica a los programas de la gran sociedad y la nueva frontera de una nueva era.

Es cierto, admitirían algunos, que hizo concesiones en su discurso con respecto a lo que preocupa a los cristianos tradicionales. Porque después de todo Obama había reprendido a la Izquierda por obligar a la gente de fe a dejar sus creencias fuera de la escena pública. También había concedido que no toda expresión pública de la fe viola la separación entre la iglesia y el estado. Pero con todo eso no había logrado evitar que desde cada una de las páginas de su discurso (según lo oyeron los conservadores religiosos) surgiera un llamado aparente a la rendición de valores por parte de los cristianos tradicionales, que ahora debían volverse «políticamente correctos» para que los no creyentes les tomaran en serio en los debates públicos de la nación. Aquí es donde algunos con sarcasmo dijeron que Obama llamaba a unirse a «La iglesia americana del pluralismo». Se referían a un templo de religión estatal donde todas las religiones son bienvenidas pero donde todos deben hincar la rodilla al culto oficial a la razón, en donde todo el mundo puede participar pero solo si es con deferencia hacia la neutralidad religiosa del camino y el modo de los demócratas.

> *Obama había reprendido a la Izquierda por obligar a la gente de fe a dejar sus creencias fuera de la escena pública. También había concedido que no toda expresión pública de la fe viola la separación entre la iglesia y el estado.*

Es crítico esto para entender cómo percibe la Derecha Religiosa la forma en que Obama ve al mundo. Como conservadores fiscales, los religiosos se han resistido por mucho tiempo al estado moderno inflado pero lo han hecho por razones más teológicas. Los conservadores religiosos advierten que el estado entrometido y ambicioso no se contentará con silenciar a las religiones tradicionales sino que se convertiría en una religión en sí mismo. Es esta la tendencia de todos los gobiernos tiranos, afirman, desde la antigua Babilonia y Roma a la Alemania nazi y la Rusia estalinista. Nadie reconoció y celebró esto más que el filósofo alemán Friedrich Hegel, a quien citan los estudiosos conservadores desde Francis Schaeffer a Michael Novak. «El estado es la divina idea tal como existe en esta tierra», escribió Hegel. «Por eso debemos adorar al estado como manifestación de lo divino... El estado es la marcha de Dios por el mundo».[19]

Esta visión es justamente lo que alarma a los conservadores religiosos. El estado como Dios. Los valores estadounidenses entretejidos en una religión propia. La fe tradicional arrodillada ante el altar del estado. La idolatría de un sintoísmo norteamericano. Y también es lo que temen de Obama cuando le declara a un periodista: «Junto a mi propia y profunda fe personal, también soy seguidor de nuestra religión cívica».[20]

> *Esta religión cívil, dirán los conservadores, es el idioma culturalmente aceptable en el que expresa sus ideales pero ocultando su agenda.*

Los conservadores sospechan que esta «religión cívica» es un ardid de Obama, una máscara que usa para ocultar su liberalismo político y teológico. Mientras resuena el lenguaje simbólico de la experiencia estadounidense, con «el camino democrático», la «escena pública neutral», la «igualdad de todas las religiones», promueve la causa de su liberalismo estatista de siempre. Esta religión civil, dirán los conservadores, es el idioma culturalmente aceptable en el que expresa sus ideales pero ocultando su agenda. Y lo que más les ofende es que creen que la religión civil que Obama utilizaría para reemplazar a la religión tradicional no tiene poder para resolver los males de la sociedad. Es, como dijo Will Herberg en su frase tan citada, «una religiosidad sin religión, una religiosidad con casi toda clase de contenido o sin ninguno, una forma de sociabilidad, de "pertenencia" más que una forma de reorientar la vida hacia Dios».[21]

Por eso lo que en realidad hace la religión civil de Obama, dicen algunos, es darle a la gente una religión aguada de norteamericanismo, aislándoles de la cruda aunque sanadora verdad de la religión revelada. En otras palabras, reemplaza a la religión tradicional con una insípida religiosidad política que crea un estado de ánimo sin ofrecer poder. Es mera fe en la fe en lugar de fe en Dios. Tal como Herbert Schlossberg escribió en *Idols for Destruction* [Ídolos para la destrucción]:

> Una declaración religiosa, por otra parte, que dice: «no te conformes a los valores de la sociedad», blande el hacha contra el tronco de la religión civil. Esta alivia tensiones mientras que la religión bíblica las crea. La religión civil empapela las grietas del mal en tanto la religión bíblica arranca el empapelado exponiendo a la luz los lugares repugnantes. La religión civil receta aspirina para el cáncer mientras que la bíblica insiste en el uso del bisturí.[22]

Para la Derecha Religiosa, entonces, la religión civil no es tan diferente a lo que hizo el emperador romano Alejandro Severo, que a los dioses que adoraba en su capilla privada sumó una imagen de Cristo. De hecho, la religión civil es igual a lo que pregonaba el presidente Eisenhower al decir que el gobierno estadounidense no tiene sentido «a menos que esté fundado en una fe religiosa que se sienta en lo más profundo, y no me importa cualquiera que sea».[23] Y se parece también al uso que hace Obama de las preocupaciones por la justicia social como llamado a una neutralidad religiosa en honor a la forma de vida secular de los estadounidenses.

Para muchos evangélicos, católicos romanos y conservadores religiosos, la religión civil es por tanto un tipo de idolatría. Pero no les sorprende que esto venga de Barack Obama. La religión civil, argumentan, es producto natural del liberalismo teológico de Obama porque cuando a la religión se la vacía de su significado tradicional, admitirá cualquier significado. Que Obama aplique el significado de las Escrituras al trabajo del estado, que invoque un alto muro que separe a la iglesia del estado, y que insista en el uso de lenguaje no religioso en la arena pública, es justamente lo que esperan de él los conservadores religiosos. Todas estas tácticas son para silenciar a la voz de la fe, para destruir a todos los dioses que compitan con el divino estado, para exigir la rendición de todos los valores que no se condigan con la moral oficial.

En ningún punto encuentran los conservadores religiosos que Obama simbolice de la manera más grande esta religión civil que en el tema del aborto. A su entender es este el tema que sobrepasa a todos los demás en la política pública estadounidense y ante todo porque el aborto, como lo entienden ellos, implica la muerte de seres humanos. Al principio pensaron que Obama compartiría esta visión. Porque en un discurso de simposio dijo: «Tal vez me oponga al aborto por razones religiosas pero si busco promulgar una ley que prohíba esta práctica, no puedo tan solo remitirme a las enseñanzas de mi iglesia o evocar la voluntad de Dios. Tengo que explicar por qué el aborto viola algún principio accesible a la gente de cualquier religión, incluyendo también a los que no profesan fe alguna». Algunos conservadores empezaron a sospechar que tal vez Obama creyera en lo personal que el aborto es el asesinato de un ser humano. Obama le dijo a Christianity Today: «No conozco a nadie que esté a favor del aborto».[24]

> *En ningún punto encuentran los conservadores religiosos que Obama simbolice de la manera más grande esta religión civil que en el tema del aborto.*

Si era sensible a la ambivalencia que muchos estadounidenses sienten con respecto al aborto y la situación difícil de los que están por nacer, no lo demostró con sus votos. La columnista Amanda Carpenter se quejó en el extremadamente conservador *Human Events* meses después del discurso de Obama: «El senador Barack Obama se muestra como un considerado demócrata que toma en cuenta con mucho cuidado ambos lados de los temas controvertidos, pero su postura radical con respecto al aborto le ubica más a la izquierda en ese asunto que a la misma NARAL Pro-Choice America».[25]

Carpenter explicó entonces que en 2002 Obama había votado en el senado de Illinois en contra de la Ley de responsabilidad infantil inducida, que habría protegido a los bebés que sobrevivían a los abortos realizados en las últimas semanas de embarazo. La ley buscaba tratar a los bebés que sobreviven a los abortos del mismo modo que se trata a los que nacen prematuros, brindándoles así atención médica que puede salvarles la vida. El mismo año en que la legislatura de Illinois debatía la ley, se presentó otro proyecto federal parecido, llamado Ley de protección de bebés nacidos con vida, que fue aprobada porque solo se opusieron quince miembros del congreso. De hecho, la Liga Nacional de Acción por el Derecho al Aborto (NARAL, National Abortion Rights Action League, en inglés), una de las organizaciones más poderosas en materia de defensa del aborto, incluso emitió una declaración que afirmaba: «NARAL no se opone a que se promulgue la ley de protección de bebés nacidos con vida porque el debate en la palestra sirvió para aclarar el propósito de la misma y asegurarnos que no atenta contra Roe v. Wade ni contra el derecho de la mujer a elegir».[26] A pesar de que incluso NARAL no objetaba la promulgación de tal ley, Obama votó en contra de la versión de Illinois en el senado.

Jill Stanek, enfermera de sala de partos que se convirtió en defensora de la ley al ver que había bebés que nacían vivos y luego eran dejados a su suerte para que murieran, dio testimonio dos veces ante Obama en apoyo a esta ley, como lo había hecho antes en el Congreso. «Llevé fotografías y las presenté ante el comité… para mostrarles cómo se abandonaba a los bebés no deseados. Al mismo tiempo, ¡había bebés de la misma edad que si eran deseados, recibían tratamiento! Todas esas fotografías no le perturbaron ni un pelo [a Obama]», recordó.[27]

Las transcripciones de esas audiencias revelan que al finalizar su testimonio, Obama agradeció a Stanek por ser «clara y directa» pero que expresó preocupación ante la sugerencia de Stanek de que «a los médicos realmente no les importan los niños que nacen con perspectivas razonables de vida, porque están tan encerrados en su opinión proaborto que pueden ver morir a un bebé que sería viable». La conclusión de Obama fue: «Esa puede ser su evaluación y no veo evidencia de ello. Lo que estamos haciendo aquí es crear una carga más sobre la mujer, y no puedo brindar mi apoyo a eso».[28]

Obama explicó luego que había votado en contra porque el lenguaje era tan amplio que habría prohibido todos los abortos. Aún así, la acérrima Derecha Religiosa a favor de la vida no podía entender a un hombre que afirmaba ser cristiano pero votaba más a favor del aborto que la misma NARAL. Y como admitiera Obama después, no estaba seguro de cómo concordaba su política a favor del aborto con su fe. «No puedo decir que mi apoyo al derecho al aborto sea infalible», escribió en *La audacia de la esperanza*.

Debo admitir que tal vez me hayan contagiado las preferencias de la sociedad y que las haya atribuido a Dios, que el llamado de Jesús a amarnos los unos a los otros tal vez exija una conclusión diferente. Y que en unos años más tal vez me vean como una persona ubicada en el lado equivocado de la historia. No creo que esas dudas me conviertan en mal cristiano. Creo que me hacen humano, limitado en mi entendimiento del propósito de Dios y por ello, propenso a pecar.[29]

Aunque Obama no tenía certezas con respecto al tema del aborto, votó a favor de que los bebés que sobrevivían al aborto quedaran expuestos, abandonados a la muerte. Y lo hizo, creen muchos de sus frustrados críticos, arrodillado ante el altar políticamente correcto de la «elección libre a toda costa», bajo la cubierta de la religión civil que admite profesar junto a su fe cristiana.

Tal ánimo y disposición para dejar que la fe se someta a la política, a los ojos de muchos de los cristianos como él, trajo a la escena cuestionamientos sobre los intentos de Obama por sanar la división religiosa de la nación. Definía la distinción a los ojos de la Derecha entre Keyes y Obama, entre Jerusalén y Atenas, entre la valiente visión política de los padres fundadores cristianos y la débil teología estatista de una moderna fe civil.

Sin embargo, ese discurso que luego se llamó «Convocatoria a la renovación», se convirtió en la declaración de intención religiosa de Barack Obama. Si en el discurso de la Convención Nacional Demócrata de 2004 había convocado a la Izquierda Religiosa, en 2006 le dio al movimiento un mapa para el impacto cultural.

El discurso, y la claridad tan esperada que resultó de sus palabras, llegaron justo a tiempo. Solo seis meses más tarde anunció que se presentaba como candidato a la presidencia. Lo que vino luego demostraría ser una de las contiendas políticas con mayor carga religiosa en la historia de Estados Unidos. Pero en los debates, en los «foros de fe», en las controversias que surgieron de las enseñanzas de su iglesia y en las provocaciones de la Derecha y la Izquierda por igual,

> *Si en el discurso de la Convención Nacional Demócrata de 2004 había convocado a la Izquierda Religiosa, en 2006 le dio al movimiento un mapa para el impacto cultural.*

Barack Obama supo bien quién era él en términos religiosos, supo en qué creía con respecto a la religión y el estado. Ya no habría «respuestas típicamente liberales». Ya no se refugiaría tras la separación de la iglesia y el estado. Ahora, su visión del mundo era firme e integrada. Era un cristiano liberal que abrazaba una visión política liberal basada en la fe, y planeaba llevar a ambas hacia los corredores del poder de su nación.

5

Una nueva fraternidad

No siempre le fue fácil al pastor Joel Hunter ser amigo de Barack Obama. Porque de ambos lados del espectro político se sospechó de su relación, más de unos cuantos lo acusaron de abandonar sus principios en pos de conseguir exposición pública y fama. Que «se había dado vuelta», que «se había vuelto liberal», que había olvidado lo que Dios le había llamado a hacer. Todo eso en medio del sangriento deporte en que se había convertido la política de Estados Unidos, Hunter debió pasar por épocas tortuosas, por la agonía de sufrir ataques verbales a causa de su amigo, por injurias y críticas hacia sus motivos y su carácter.

Pero hoy, en este día oscuro y triste, Joel Hunter pudo saber, si es que no lo sabía antes, qué tipo de amigo podía ser Barack Obama.

Su relación con el joven político comenzó con una nota manuscrita posterior al discurso de *Una unión perfecta,* de 2008. Mientras la nación agitaba ahora los estandartes de la cuestión racial que Obama había hecho resurgir y con casi dos millones de norteamericanos que habían visto su discurso en YouTube, por contar un medio nada más, Hunter hizo algunos comentarios para un artículo en el *New York Times.* No era el tipo al que habrían elegido en una situación común. Era pastor de una iglesia, casi toda de blancos, con doce mil miembros, ubicada en Florida central: la iglesia Northland. Y por cierto, no era alguien versado en el tema racial. Aun así, el discurso de Obama lo había conmovido y como pastor con un lugar de prominencia, quería colaborar para sanar las heridas raciales que todavía causaban dolor en la nación. Les dijo a los del *New York Times* que el discurso había sido el equivalente al «Test de Rorschach» para el país. «Porque hace surgir en ti aquello que ya tienes dentro», insistió, en el sentido de que si a alguien le era indiferente la cuestión racial, el discurso no tendría importancia, pero para quienes era algo crucial, las palabras serían la incitación a la acción. Les dijo a los del *Times* lo que él y su personal habían sacado como conclusión en su reunión de los miércoles por la mañana: «Queremos que todo sane, que haya reconciliación. Pero a menos que se haga de manera muy pública, nos cuesta mencionarlo en nuestras conversaciones de rutina».[1] Cuando Barack Obama leyó esos comentarios en el periódico del 20 de marzo, decidió escribirle una nota al pastor Hunter: «Me gustaría seguir conversando con usted en algún momento», le decía.

Y fue así como comenzó. Poco después Joshua DuBois, director de la campaña de Obama para las iniciativas basadas en la fe, se contactó con Hunter los dos se hicieron amigos. Luego, tuvieron esa primera conversación telefónica con Obama, y se formó una conexión que se fue fortaleciendo entre conversaciones y oraciones. Hillary Clinton se contactó con Hunter y lo mismo hizo Mike Huckabee, y a todos Hunter los trató con gracia. Pero con quien más fuerte se hizo la relación fue con el joven senador de Illinois, y con sus ansias de producir en Estados Unidos un cambio importante. Después vino la invitación a dar la bendición en la Convención Nacional Demócrata de Denver, en el mes de agosto.

Esa oportunidad le sirvió para hacer una pausa porque Joel Hunter no era un pastor evangélico con ambigüedades políticas. Tenía en claro sus principios. Estaba en contra del aborto y el casamiento homosexual e incluso hablaba francamente respecto de formar parte de la «derecha religiosa constructiva». Y de hecho en 2006 hasta había aceptado la presidencia de la

Coalición Cristiana, el grupo conservador fundado por el religioso mediático Pat Robertson. Pero antes de que pudiera asumir, las cosas cambiaron. La junta directiva de la Coalición Cristiana no iba a ampliar su agenda para incluir temas como la pobreza y el medio ambiente bajo el liderazgo de Hunter, temas que eran de interés cristiano, claramente. Y era obvio que no querían darles vuelta la cara a los republicanos, ni querían alejarse demasiado de la plataforma del partido. Además, a Hunter le causó tristeza ver que el liderazgo republicano a su vez parecía seguir a Rush Limbaugh y que los grupos y el ambiente de la televisión por cable politizaban incluso a los creyentes cristianos a los que él esperaba guiar.

Frustrado y desilusionado, se apartó de la presidencia de la coalición y decidió hablar de las implicancias políticas de las Escrituras a quien quisiera escucharlo. Más adelante se hizo amigo de Joshua DuBois, al conocer a Barack Obama, y cuando tuvo oportunidad de orar en la Convención Demócrata supo que a pesar de las diferencias políticas debía mantenerse fiel al papel que Dios le llamaba a cumplir.

> *A Hunter le causó tristeza ver que el liderazgo republicano a su vez parecía seguir a Rush Limbaugh y que los grupos y el ambiente de la televisión por cable politizaban incluso a los creyentes cristianos a los que él esperaba guiar.*

Oró en la convención de los demócratas y más tarde, en privado con Obama, antes de uno de los debates presidenciales. Cuando Obama llegó a la Oficina Oval y Joshua DuBois le pidió a Hunter que formara parte del equipo de consejeros espirituales que orarían con el presidente para mantener sus fuerzas, el pastor aceptó. Por eso, algunos de sus amigos de la derecha se enojaron. Y hubo miembros de su congregación que se fueron disgustados. Pero Hunter creía que estaba cumpliendo con la tarea del pastor, de decir la verdad a ambos lados de la política, como Jesús querría que lo hiciera. De modo que oraba con el presidente con regularidad y escribía devocionales para que pudiera nutrirse de las Escrituras; soportando la oposición de quienes se sintieron traicionados.

Entonces llegó ese día horrible, un día de agonía. Una de las cosas que más feliz hacía a Joel Hunter era su nieta Ava. Era dulce, vivaz, con ojitos chispeantes unos hoyuelos en las mejillas que derretían el corazón de su abuelo. Él la llamaba «mi pequeña guerrera». En junio de 2010, cuando Ava tenía tan solo cinco años, le diagnosticaron un tumor cerebral poco frecuente: gliobastoma multiforme. Es la clase más agresiva de tumor cerebral, como la que había llevado a Ted Kennedy a la muerte, pero que pocas veces se ve en un niño. Cuando se supo la noticia de la enfermedad de Ava, el Instituto Nacional de Salud se puso en contacto con Hunter para decirle que sencillamente no tenían un protocolo para un caso como este. «Los casos en niños de cinco años, se cuentan con los dedos de una mano y sobran». El pastor entonces comenzó a entender que su amada nietita podría morir.

Al día siguiente sonó el teléfono de Hunter. Era el operador de la Casa Blanca.

«Dr. Hunter, tiene una llamada del presidente. ¿Puede tomarla?»

«Sí».

Y entonces, al momento oyó:

«Joel, habla Barack. Acabo de enterarme de lo de Ava. Quise llamarte para decirte que Michelle y yo oramos por ti. Y quiero que me digas si puedo ayudarte en algo».

Hunter no se sintió capaz de responder de manera informal, por lo que dijo:

«Gracias, Señor Presidente. Es muy amable de su parte. Hemos buscado pero no hay tratamiento tradicional que haya surtido efecto. No sabemos qué hacer. Pero aprecio…»

«Ya no hables de eso», lo interrumpió Obama, impaciente. Luego añadió con voz suave: «De veras lo digo, Joel. Lo que sea que yo pueda hacer, quiero hacerlo».

Hunter no pudo seguir hablando y rompió en llanto.

Y luego, la cosa se revirtió. El hombre que había servido como pastor al presidente ahora lloraba, callado, mientras por unos momentos el presidente tomaba el lugar del pastor que Hunter necesitaba con tanta desesperación.

«Joel, quiero que recuerdes que Dios está contigo. No va a abandonarte. Seguirá a tu lado hasta el final. Recuérdalo. Dios no te abandonará. Tenemos que aferrarnos a nuestra fe en Dios».

Y así fue que mientras Hunter lloraba, el Presidente de Estados Unidos ayudaba a su amigo a hallar fuerzas en Dios. Eso fue durante varios minutos, hasta que finalmente Obama dijo:

«Por favor, dile a tu familia que Michelle y yo oramos por ellos, y que sentimos mucho lo que les está pasando».

«Gracias, señor», dijo Hunter. Ambos colgaron el auricular. Para Hunter, el hecho de que Obama hubiera sido el primero en llamar, fue una sorpresa.

Lo que siguió fueron las peores semanas en la vida de Joel Hunter. Debieron operar a su nieta para quitarle el tumor. Durante un tiempo hubo algo de esperanzas, pero a las siete semanas el tumor creció de nuevo, más grande de lo que había sido antes. Y el 4 de septiembre Ava murió. Hunter estaba deshecho.

Ese mismo día sonó el teléfono:

«Dr. Hunter, es una llamada del presidente. ¿Puede atenderlo?»

El pastor se sorprendió. Acababa de pasar junto al televisor y allí había visto a Obama dando un discurso en Minnesota. Hunter estaba seguro de que el presidente no podía haberse enterado de lo de Ava todavía.

«Sí, espero», le dijo Hunter al operador.

Enseguida oyó la voz del presidente, obviamente conmovido.

«Joel, habla Barack. Acabo de enterarme. Lo lamento tanto. Estarás en mis oraciones. Michelle y yo estamos contigo. Confiamos en que Dios no dejará de estar a tu lado».

«Es muy amable, Señor Presidente. Gracias. Significa mucho para mí».

Y luego, una vez más, Hunter ya no pudo hablar. El presidente le ministró. Otra vez, las palabras de aliento. Otra vez, los pasajes bíblicos y la seguridad de la gracia de Dios. Una vez más, la fe de un presidente, en ayuda de un amigo.

Hunter se dio cuenta de que hacía rato que estaban hablando. En su mente imaginó a los asistentes del presidente mirando el reloj, y a los agentes del servicio secreto, inquietos. Habían estado junto al presidente todo el tiempo y no querían ser maleducados. Pero para Obama, parecía que las actividades del día quedaban relegadas. Estaba concentrado en su amigo. Con suavidad, Hunter comenzó a indicar que el Presidente de Estados Unidos tendría que colgar. No le fue fácil.

Y finalmente dijo: «Me conmueve su interés, Señor Presidente. Gracias por llamar».

«Estamos orando por ti, Joel», dijo Obama antes de cortar. «Estoy contigo en esto. No estás solo».[2]

> *Sus críticos, aquellos que sospechan de sus creencias religiosas, o los que creen que es un musulmán disfrazado, quedarían atónitos si supieran que el presidente «hizo de pastor» para consolar a alguien en nombre de Cristo.*

EL BARACK OBAMA DE ESTA HISTORIA NO ES EL QUE CONOCE LA MAYORÍA de los estadounidenses. Sus críticos, aquellos que sospechan de sus creencias religiosas, o los que creen que es un musulmán disfrazado, quedarían atónitos si supieran que el presidente «hizo de pastor» para consolar a alguien en nombre de Cristo. La gran mayoría de los norteamericanos que sienten confusión en cuanto a la fe de Obama, se sorprenderían al oírle citar con tal profundidad las palabras de la Biblia y la tradición cristiana. Incluso quienes le apoyan y creen que es cristiano quedarían asombrados al oír al estudioso de Columbia y Harvard entrenado en el arte del desapego emocional como le enseñó su madre humanista, hablar de su fe de manera tan plena y apasionada. Sin embargo, lo que estas porciones de la sociedad estadounidense no saben, y no pueden haber visto, es la transformación espiritual por la que ha pasado Barack Obama desde que asumió la presidencia.

Tenemos que recordar que cuando Obama entró en la Oficina Oval, solo contaba con la enseñanza religiosa recibida durante veinte años bajo el ministerio de Jeremiah Wright. Y sin embargo, meses antes de ganar las elecciones, había encontrado que su entrenamiento no le bastaba, y había puesto a prueba el espíritu de su pastor, distanciándose y partiendo en un rumbo diferente. Cuando los Obama se mudaron a la Casa Blanca este nuevo rumbo no estaba definido, no estaba trazado. Su motivo era más una certeza de lo que Barack Obama no quería ser y no aquello que se sentía llamado a hacer.

Fue justamente entonces que Obama empezó a estar bajo la influencia de hombres con un espíritu diferente, de una corriente teológica y espiritual distinta a la que conocía. Eran más como una fraternidad y no el tipo de padre espiritual que había sido Jeremiah Wright. Era más un equipo que lo rodeaba, que un mentor que estaba por encima de él. Ellos habían llamado al presidente a tener una relación más profunda con Dios. Habían trabajado para que echara sus raíces en el significado de las Escrituras. Le apoyaron, y siguen apoyándole, con sus intensas oraciones y con el aliento de una fe cristiana dinámica. Y eso lo cambió. Joel Hunter dijo:

> La Iglesia Unida de Cristo La Trinidad le dio dos cosas a Barack Obama: la experiencia de nacer de nuevo y una visión social. Pero en esos años no tuvo gran aprendizaje teológico. Hoy, durante estos primeros años como presidente, ha llegado a conocer mayor profundidad espiritual y más teología bíblica que lo que pudo conocer en todos esos años del pasado.[3]

Esto llevó a Barack Obama a una callada transformación espiritual en su vida. Algo que ha mantenido en privado, y que con intención no reveló al público, más que nada para preservarlo, para que sea una cuestión de corazón. Pero en esta nueva profundidad espiritual en la vida del presidente, ha podido ser pastor de un famoso ministro durante la peor crisis en la vida de este último. Y también es esta la nueva fuente de inspiración que ha hallado y que puede servir para moldear el alma de Barack Obama durante el resto de sus días.

EL QUE MÁS INFLUENCIA TIENE EN ESTA NUEVA FRATERNIDAD ES JOSHUA DuBois, más conocido como joven jefe de la Oficina de iniciativas basadas en la fe y en la comunidad. Pero DuBois es más que eso. La revista *Time* ha dicho que es «el Pastor en jefe del Presidente», y eso porque este pentecostal afroamericano con tantos dones ha hecho más que cualquier otra persona, tal vez, por asegurar una vital espiritualidad en Barack Obama, y por dar forma a la visión religiosa de su presidencia.[4]

DuBois nació en Bar Harbor, Maine, pero su juventud transcurrió en Nashville, Tennessee, y en Xenia, Ohio, definida mayormente por la obra de su padrastro, que era ministro en la Iglesia Episcopal Africana Metodista.

«Mantenía distancia de Cristo, como todos los hijos de pastores, a causa de toda esa cosa religiosa», recuerda. «Mi familia se sentaba en el primer banco de la iglesia, pero la verdad es que yo era cínico con respecto a todo eso. Para cuando llegué al final de la secundaria, rechazaba todo lo espiritual y no tenía intención de seguir yendo a la iglesia».[5]

Aunque su fe le había desilusionado, su visión del cambio social seguía intacta. Llevaba el activismo en la sangre. Su abuela había participado en las sentadas de Nashville de los años 60. DuBois alzó el guante de ella y se anunció como fuerza del cambio ya con diecisiete años, en su primer año como estudiante en la Universidad de Boston. Se había enfurecido cuando la policía de Nueva York mató de cuarenta y un disparos a un inmigrante desarmado de Guinea, llamado Amadou Diallo. El caso trascendió las fronteras, pero DuBois protestó a su modo. Decidió pararse frente al

monumento a Martin Luther King Jr., en Boston, con un cartel que decía
«BASTA». Permaneció allí durante cuarenta y una horas, una por cada bala
disparada al cuerpo de Diallo, que no portaba armas.

Pero toda esa seguridad por la causa social tenía su contraparte en la
inseguridad y la falta de certezas en el terreno de lo espiritual. Con el tiempo, un amigo suyo, Eugene Schneburg, lo invitó a asistir a una pequeña
iglesia de veinticinco miembros, que se reunía en el auditorio de una escuela cercana. El nombre era ostentoso: Calvary Praise and Worship Center
[Centro de Alabanza y Adoración Calvario]. Pero no había coro ni liturgia
y DuBois jamás había vivido algo parecido. Ese día, la predicación estaba a
cargo de Warren Collins, quien pronunció

el mensaje más personal sobre Cristo que yo hubiera oído, hablando de
que Cristo quería una relación conmigo y no una institución, no esa cosa
formal que yo conocía. Sentí que el Espíritu Santo me estaba hablando.
No puedo decir que antes de eso no hubiese tenido momentos de vida
cristiana. Porque mis padres hicieron las cosas muy bien, y yo lo sabía.
Pero fue ese el día en que volví a mi fe.[6]

Eso fue en el otoño de 2000. Poco después DuBois pasaría por el bautismo
del Espíritu Santo, el momento de llenar el alma con el Espíritu de Dios, que
define a los pentecostales.

Se graduó de la Universidad de Boston en 2003, y luego pasó a estudiar en
la Woodrow Wilson School of Public and International Affairs de Princeton,
buscando una maestría. Más tarde decidió estudiar leyes en la Universidad de
Georgetown pero a poco de empezar, la campaña de un joven político de
Illinois que buscaba ser senador captó su atención y alimentó su imaginación.
Lo que sucedió luego es una historia que el personal de la Casa Blanca todavía
recuerda con humor. DuBois estaba tan ansioso por ayudar a la causa de Obama que decidió abandonar sus estudios de abogacía para trabajar en la campaña del candidato. El ahora exestudiante de leyes envió sus datos a la sede de
campaña. Y poco después recibió una respuesta: de rechazo. Decidido,

DuBois condujo su auto hasta las oficinas de Obama, y acosó a todos hasta que finalmente le dieron una entrevista. Por una sabia decisión, lo contrataron para trabajar en el campo de las iniciativas basadas en la fe.

Demostró ser un brillante estratega, capaz de trabajar en equipo, un operador político consciente, cuya fe sincera inspiraba lealtad y apoyo a Obama. Para cuando el joven senador anunció que se presentaría como candidato a presidente, DuBois se había convertido en un activo tan valioso que le nombraron director nacional de asuntos religiosos y lo pusieron al mando de un equipo de ocho asistentes, con cientos de voluntarios. No había cumplido los treinta años aún, pero dejó una marca definitoria en uno de los ascendentes políticos más notorios de la historia. Fue DuBois quien diseñó los esfuerzos de campaña de Obama por apelar a los evangélicos, tal como la campaña para llegar a los votantes más jóvenes llamados la «Generación Joshua», un término tomado de los ministerios de jóvenes de las iglesias evangélicas de todo el país. Y fue DuBois quien reunió a veinticinco de los más importantes conservadores religiosos en Chicago en el verano de 2008 para que pudieran hablar y aconsejar a Obama sobre sus creencias. También fue DuBois quien ingenió la aparición de Obama en el Foro Presidencial de Rick Warren en el momento cumbre de la campaña, para luego trabajar con el fin de que se invitara a Warren a orar el día de la asunción de Obama, a pesar de que el famoso pastor tenía profundas diferencias políticas con el presidente electo.

Eso no fue todo. A lo largo de la campaña DuBois urgió a Obama a relacionarse con pastores que lo apoyaran, facilitando momentos de oración antes de los debates o discursos más importantes, intentando en general asegurarse de que su candidato tuviera sólida formación espiritual. Y fue el artífice de la llamada telefónica a T. D. Jakes en una habitación de hotel de Los Ángeles, y de ese momento de sincera oración con el doctor Joel Hunter en la Sala Verde, antes de un debate. Las llamadas en conferencia con hasta seis pastores, para orar y recibir aliento, también fueron idea suya. Fue DuBois quien organizó todo eso. Tal vez percibía que Obama estaba a la deriva en el sentido religioso. O podía sentir el dolor de la familia Obama por haber perdido su iglesia y las conexiones de fe que les habían sostenido durante décadas. Es posible que supiera que lo que alimentaba el fuego del joven político era tanto lo espiritual como lo intelectual y lo político, y que sintiera que era su deber mantener viva esa llama. Como fuera, DuBois, si bien no era el nuevo pastor de Obama, sí era su facilitador personal espiritual.

Obama comenzó a confiar en él, a depender de él. La noche de la elección de 2008, por ejemplo, cuando Obama empezó a sentir que estaba cerca de ganar, pero no lograba sobreponerse al dolor de la muerte de su abuela días antes, DuBois reunió a T. D. Jakes, al pastor Joel Hunter, a Kirbyjon Caldwell —uno de los pastores de la familia Bush— y al reverendo Otis T. Moss para que oraran. Ya lo habían hecho el día del cumpleaños de Obama y en momentos en que DuBois veía que era muy necesario. La oración de esa noche fue «un momento potente» y así fue como lo sintió Obama, sabiendo que la presencia de estos hombres de Dios en su vida era algo importante, que afectaba qué tipo de hombre y presidente quería llegar a ser.

En los inicios del mandato de Obama, DuBois recibió autorización para crear un grupo de «consejeros espirituales», un equipo de pastores y líderes religiosos que seguirían apoyando al nuevo presidente en su vida espiritual. En ese grupo había algunos que habían orado con Obama o lo habían aconsejado durante la campaña. Y también, un grupo más amplio de pastores afroamericanos. DuBois coordinaba estas relaciones para asegurarse de que el presidente recibiera lo que necesitaba en el momento oportuno y que todo eso se mantuviera aparte del público y la prensa.

El método principal de este ministerio eran las llamadas en conferencia. Cuando DuBois lo determinaba, se avisaba a los consejeros espirituales que habría una llamada en conferencia para orar. Por lo general, sería al final de la tarde de un día agitado para el presidente. Cada uno recibía un número telefónico al que tendrían que llamar y un número en código para obtener acceso a la conferencia. En el momento indicado, cuando ya todos los consejeros habían efectuado su conexión, el presidente tomaba el teléfono. Oraban. Luego, alguno preguntaba sobre la vida espiritual del presidente, sobre cómo estaba enfrentando los duros golpes de la política, o sobre si se tomaba tiempo para leer la Biblia. Luego, volvían a orar y alentaban al presidente, alimentando su alma con palabras de ánimo. Esas conversaciones jamás se desviaban a temas de la política. Su propósito era solo el de ayudar a Obama a «estar más cerca de Dios», para que su fe cristiana fuera relevante, en todos los desafíos personales a los que debía enfrentarse.

Cada tanto, alguno de estos consejeros pasaba momentos a solas con el presidente. T. D. Jakes recuerda que esas reuniones se dedicaban a la oración, y que luego ambos conversaban y reían mucho, distendidos. Joel Hunter dice que en sus reuniones hallaba al presidente dispuesto a «ir hasta lo más profundo», para que el pastor pudiera hablarle a su corazón y conocer su estado espiritual. Esta apertura, esta transparencia, es lo que ha permitido que los consejeros espirituales de Obama tuvieran un impacto tan profundo en su vida. Esas conversaciones telefónicas y esas reuniones no son ningún teatro político, no hay guiones ni consejos en cuanto a cómo conformar a los más religiosos. Más bien, son solo lo que parecen ser: líderes religiosos profesionales que tienen como encargo ocuparse del alma del presidente, y que trabajan en su sagrada tarea, a puertas cerradas.

> *Esta apertura, esta transparencia, es lo que ha permitido que los consejeros espirituales de Obama tuvieran un impacto tan profundo en su vida.*

Con el fin de sumar a este ministerio DuBois ha ingeniado un sistema único de devocionales al BlackBerry del presidente. Queriendo que Obama cuente con algo más que la Biblia para ayudarle a crecer, DuBois le envía todos los días al BlackBerry del presidente un devocional, por correo electrónico. A veces, son palabras tomadas de alguna obra cristiana clásica. Ha utilizado *En pos de lo supremo* de Oswald Chambers, que tal vez sea el devocional cristiano más famoso del mundo. En ocasiones ha utilizado extractos de los escritos del doctor Howard Thurmond, primer decano de color en la Capilla Marsh de la Universidad de Boston cuyos escritos fueron de inspiración para Martin Luther King Jr. Y Dubois ha reclutado también a los consejeros espirituales de Obama. A algunos, como Hunter, se les ha encargado escribir devocionales diarios de trescientas palabras, a los que se llama «Lectura de la serie roja», porque se centran en las palabras de Jesús, que en algunas Biblias están en color rojo. Estas selecciones incluyen un versículo o pasaje, un breve comentario y una oración. Suelen ser muy personales, con un sentido muy definido, como lo revelan dos ejemplos de lo escrito por Hunter.

Después de esto, el Señor escogió a otros setenta y dos para enviarlos de dos en dos delante de él a todo pueblo y lugar adonde él pensaba ir... «¡Vayan ustedes! Miren que los envío como corderos en medio de lobos».

LUCAS 10.1—3

¿Qué tipo de pastor enviaría a sus ovejas en medio de los lobos? Solo aquel que tiene más confianza en sus ovejas que temor a los lobos.

En mis cuarenta años como pastor he observado que Dios no sobreprotege a quienes le siguen. Aunque, sí, hay milagros y rescates cada tanto, cosas que suceden en respuesta a las oraciones (o sin que haya habido oración), que no tienen explicación terrenal. Pero en su mayoría los cristianos han de pasar por lo mismo que pasan todos los demás.

A Dios le interesamos más como emisarios y siervos que como clase protegida de creyentes especiales. Le interesa más estar con nosotros en medio de los problemas y los peligros, que salvarnos de estos. Y eso, porque le interesa más edificar nuestro carácter que solucionar nuestros líos.

Algunas de las cosas que Becky y yo decidimos, movidos por el amor a nuestros hijos, no fueron para rescatarlos, sino más bien para estar allí, disponibles, mientras ellos mismos buscaban la solución. Se volvieron más confiados, más llenos de misericordia, por haber pasado las dificultades en lugar de habérselas ingeniado para evitarlas.

Oración: Señor, no deseo que me rescates tanto como deseo tu cercanía en medio de los problemas.

El diablo lo llevó luego a Jerusalén e hizo que se pusiera de pie en la parte más alta del templo, y le dijo: —Si eres el Hijo de Dios, ¡tírate de aquí! Pues escrito está: «Ordenará que sus ángeles te cuiden. Te sostendrán en sus manos para que no tropieces con piedra alguna». —También está escrito: «No pongas a prueba al Señor tu Dios» —le replicó Jesús.

LUCAS 4.9–12

La tercera tentación es usar la religión de manera espectacular para tener más seguidores. No sorprende que el diablo quisiera que Jesús saltara del techo del templo, en lugar de querer que entrase allí a orar. Pero sí es instructivo el hecho de que el diablo utiliza artilugios.

Porque con habilidad, incita a la duda y el orgullo al mismo tiempo: «Si eres el Hijo de Dios». Satanás sabe utilizar lo bueno para dañar, en lugar de ayudar. Uno casi podría oír sus reiteraciones en las tentaciones de todos los días. Ese adolescente que intenta seducir a la chica diciendo: «Si de veras me amas…» El líder que quiere imponerse: «Si de veras soy el jefe…» La tentación juega con las inseguridades existentes, con el fin de derrotar a cualquier seguridad que pudiéramos tener.

El diablo también cita las Escrituras para justificar la autoelevación y la autoprotección. Hoy es una epidemia en el mundo el «evangelio de la prosperidad». Es la perversión del cristianismo que convence a la persona de que debiera estar exenta del dolor y las dificultades de la vida.

Jesús no quiere eso. Jesús vino para adorar a Dios y para servir, y el diablo podía irse al infierno.

Oración: Señor, haz que reconozca a la tentación como prueba que tú permites para mejorarme, para que pueda servirte mejor, para que pueda parecerme más a Cristo.

Esos momentos de oración, de desafíos personales, de consejos, de lecturas, han traído un nuevo significado a la vida de Obama. Hunter lo explica así:

Durante sus años en la Iglesia La Trinidad estaba bastante ocupado, por lo que no aprendía demasiado. No tuvo mucha enseñanza de teología. Ahora ha recibido más enseñanza teológica en estos años que en toda su vida. Hoy tiene respuestas que antes no tenía. Cuando más leemos las Escrituras, más las entendemos y tanto más queremos entender la verdad. Obama está hoy en un nuevo encuentro con la verdad.

Cuando se le pregunta si han cambiado las perspectivas religiosas de Obama, en cuanto a las Escrituras o la vida después de la muerte, por ejemplo, Hunter dice: «Sus opiniones no eran dogmáticas cuando las comunicó, sino más bien expresión del lugar en que se encontraba entonces. Sigue en transición. No sostendría hoy la mayoría de las cosas que dijo en ese momento».[7]

Sin embargo, las opiniones que permanecen son los valores centrales que dan base a su política. Desde el principio Hunter descubrió que Obama quería ayudar a los pobres.

Desde el principio se interesó en los pobres, como algo prioritario. En cómo podía actuar la comunidad de la fe. Y en cuanto a la política, siempre se inclinaría por los vulnerables. Lo ve como parte de su fe. Es importante recordar que llegó a la fe en el contexto del organizador de la comunidad, que halló un amigo en Jesús para servir a los pobres. Que el mismo Cristo tuvo un lugar especial en su corazón por los pobres y necesitados. El presidente siempre muestra predisposición hacia quienes son indefensos, con un respeto, un valor por la dignidad humana básica, por los que están marginados.[8]

> «Sencillamente no hay dudas al respecto», dice Hunter, un evangélico firme y comprometido. «Barack Obama es un hombre nacido de nuevo que ha confiado en Jesús con todo su corazón».

Estos son, sin embargo, los principios que los estadounidenses esperan de Obama. Lo que el escéptico quiere saber, y lo que la mayoría de los confundidos norteamericanos necesitan recibir como respuesta, es si Barack Obama es un cristiano serio, comprometido. Tanto DuBois como Hunter han tenido tiempo como para llegar a lo más profundo de la vida espiritual del presidente. Y ambos concluyen que Obama ha «nacido de nuevo», de manera sincera y profunda. «Sencillamente no hay dudas al respecto», dice Hunter, un evangélico firme y comprometido. «Barack Obama es un hombre nacido de nuevo que ha confiado en Jesús con todo su corazón».[9] «Sí», dice DuBois, «sé que ha nacido de nuevo. Se lo he preguntado y ha descrito su fe en detalle. Cree en lo mismo que la mayoría de los cristianos. Y la experiencia de ser presidente está fortaleciendo sus músculos cristianos, haciendo de él un hombre calmo, confiado, un creyente sincero en Jesucristo».[10]

SI SE DEBE DAR CRÉDITO A JOSHUA DUBOIS POR HABER FORMADO LA fraternidad que transformó la vida religiosa de Obama, hay que admitir que tanto él como aquellos han recibido ayuda del hombre que, sin intención de serlo, se ha convertido en el nuevo pastor del presidente. Su nombre es Carey Cash, y aunque la Casa Blanca desea —y es entendible— evitar comparaciones con Jeremiah Wright, es importante conocer el carácter y las pasiones espirituales de este capellán de la armada cuyo deber es predicarle a la familia Obama en la pequeña Capilla Evergreen de Camp David a unos 105 kilómetros del bullicio de Washington, D.C.

Para entender lo que el capellán Cash puede representar para los Obama, primero tenemos que reconocer el dolor y la desorientación que tienen que haber vivido después del episodio de Jeremiah Wright. Obama dijo:

> Seamos directos: Nos afectó mucho lo que pasó en la Iglesia La Trinidad y toda la controversia en torno al reverendo Wright. Nos perturbó mucho, y en lo personal, nos sentimos desilusionados. Nos hizo muy sensibles al hecho de que como presidente, la iglesia a la que asistimos puede interpretarse como portavoz de lo que pensamos, en cualquier momento.[11]

Sumado a esto, estuvo el caos de lo que significó la búsqueda de una nueva iglesia en Washington D.C. por parte de los Obama. Visitaron varias congregaciones afroamericanas importantes, incluyendo la afamada Iglesia Bautista de la calle 19 en esa ciudad. La historia siempre fue la misma. La gozosa celebración religiosa de los afroamericanos favorecía el hecho de que la gente se sacara fotos o le pidieran autógrafos. Era casi imposible adorar a Dios así. No podía haber momentos sagrados. Una de las alternativas era la formal Iglesia Episcopal St. John, la tradicional «iglesia de los presidentes», frente al parque Lafayette, ante la Casa Blanca. Allí, al menos, el estilo ordenado impediría el caos habitual. Pero el alma de Obama no se llevaba bien con ese estilo y por eso no encontraba reposo allí. Con el tiempo, Barack y Michelle decidieron sencillamente acudir a la pequeña capilla de Camp David para que fuera su hogar religioso. Más allá del estilo, más allá de quién predicara los sermones, la iglesia era pequeña, no les resultaba incómodo asistir, y no había acceso ni para el público ni para la prensa.

Fue esa la decisión que permitió que Carey Cash entrara en sus vidas porque había sido designado capellán de Camp David poco tiempo antes. Era un tipo agradable, corpulento como un liniero ofensivo de fútbol americano, con una sonrisa amplia y ojos penetrantes. Tenía modos que combinaban la profunda humildad y la más masculina confianza, junto con la vitalidad y rusticidad de un atleta, más el celo de un guerrero. Además, era curioso que fuera sobrino segundo de Johnny Cash, la estrella de la música country, y hermano de una ex Miss Estados Unidos. Sencillamente, Obama jamás había conocido a alguien como este hombre.

Sus historias no podían ser más diferentes. Obama había vivido sin padre, en contextos casi siempre seculares, en lugares exóticos como Hawai e Indonesia, en tanto Cash había tenido la vida casi idílica del típico norteamericano. Nacido en Memphis, Tennessee, en el seno de la profundamente religiosa familia de un piloto caza de la armada, había alcanzado la fama como jugador de fútbol en la secundaria antes de llegar a ser jugador ofensivo de la Asociación Nacional Atlética Colegial (NCAA), en The Citadel. Parecía destinado a destacarse en la Liga Nacional de Fútbol Americano (NFL), pero luego se produjo una crisis en su vida. Sufría de visión borrosa y dolores de cabeza que llevaron a un diagnóstico que temían: un tumor cerebral inoperable. Su vocación ya no podría ser como deportista. «Mi vida, a los ojos de algunos, estaba acabada», escribió Cash después. «Pero algo en lo más profundo de mi ser me llamaba a apartar los ojos de la situación para confiar en Dios, que sabía exactamente lo que estaba haciendo».[12]

Se inscribió en el Seminario Teológico Bautista del Sudoeste, a instancias de su suegro, capellán de la armada. Pasó luego un tiempo como pastor de jóvenes y luego fue pastor de una pequeña iglesia de Tennessee. Afortunadamente, lo aceptaron en la reserva de la armada cuando los médicos certificaron que su tumor no crecería. Un mes antes del horror del 11 de septiembre de 2001 entró en el servicio activo y le asignaron el Batallón 1, 5to Regimiento de Marines. En 2003, formó parte de las primeras fuerzas de tierra que entrarían en Irak.

Relata sus experiencias en el lugar en un libro titulado *A Table in the Presence: The Dramatic Account of How a US Marine Battalion Experienced God's Presence Amidst the Chaos of the War in Iraq* [Una mesa en la Presencia: Dramático relato de cómo un batallón de los marines de Estados Unidos experimentaron la presencia de Dios en medio del caos de la guerra de Irak]. Es un relato cautivante. El capellán oraba con los marines en tiendas llenas de arena, en vehículos anfibios de asalto que olían a sudor, bautizando a algunos con agua de la cantimplora, y en una ocasión, completó un servicio de adoración a Dios estando bajo fuego de metralla. También supo lo que significa confiar en Dios ante la amenaza diaria de la muerte y sobrevivir al fuego tras un «muro de ángeles». Veía cómo morían algunos, y cómo otros se enloquecían y se quebrantaban bajo la tensión. Pero también tenía certeza de que hay milagros, certeza del llamado de su Dios y certeza en cuanto a la verdad del evangelio.

Es esta pasión espiritual que al mismo tiempo se combina con los pies sobre la tierra, esta familiaridad con el sufrimiento mezclada con la fe en una verdad que todo lo vence, lo que convirtió al Teniente Comandante Cash en una fuerza tan importante en la vida de Obama. Y todo, mayormente por medio de los sermones de este capellán: «No tienes un corazón que late en tu pecho si no lo oyes cuando este hombre está hablando», dijo el Brigadier General Frederick Padilla, que fue comandante de Cash. Y parece que el presidente Obama concuerda. Cash «da los sermones más potentes que haya oído. Realmente pienso que es excelente».[13]

Este respeto por Cash es símbolo del cambio religioso por el que ha pasado Obama. En lugar del liberalismo teológico y la teología de la liberación que solía ingerir con las predicaciones de Jeremiah Wright, ahora el presidente se sienta en la pequeña Capilla Evergreen y escucha los temas más habituales para el púlpito bautista: la salvación del que se arrepiente, la inspiración de las Escrituras, las bendiciones de Dios para quienes le sirven, la fuerza y la sabiduría del cielo para las batallas por venir. Y todo esto está cambiando a Obama. Joel Hunter dice:

> *En lugar del liberalismo teológico y la teología de la liberación que solía ingerir con las predicaciones de Jeremiah Wright, ahora el presidente se sienta en la pequeña Capilla Evergreen y escucha los temas más habituales para el púlpito bautista. Y todo esto está cambiando a Obama.*

Al presidente le encanta este capellán, su pastor. Es una agradable sorpresa. Porque la familia no siente que está en exposición y pueden concentrarse en la adoración. Y les encantan los sermones. Así es. Hay algo nuevo en sus vidas.[14]

Así, aunque sus críticos no quieran aceptarlo, aunque quienes lo apoyan se sorprendan, y aunque la mayoría de los norteamericanos tal vez no lo entiendan, Barack Obama pasa por una transformación religiosa como presidente en ejercicio, una transformación lograda a través del ministerio de este nuevo grupo de hermanos y de su muy devoto pastor de Camp David. Cuanto más se conozca esta historia, por supuesto, más probabilidades hay que se convierta en combustible para la contienda política, como sucede con todo lo demás en la vida de Obama. Pero si quitamos de en medio los roces, es una historia tierna, la de un joven de color de veintitantos años que busca un padre espiritual, la de un talentoso líder joven que anhela una espiritualidad más noble que la que ha conocido, la de un presidente con mayor profundidad religiosa, de la mano de un grupo de hermanos que desafían a la política y a las dificultades para cumplir la voluntad de Dios.

⁓

ES ESTE, ENTONCES, EL MAR DE CAMBIOS EN LA VIDA RELIGIOSA DE OBAMA. Lo que confunde y frustra a sus críticos, sin embargo, es que no parece haber un cambio similar en la política del presidente. Querrían otra cosa. Querrían que si Obama se apartara de la visión del mundo de Jeremiah Wright y la vida devocional superficial, que se reflejara en sus políticas, que se viera acompañado por una forma de gobernar más basada en la fe, más tradicional, quizá, con más principios. Aquí no encuentran mucho que les aliente.

Entre estos críticos se cuenta Jerome Corsi, con un doctorado de Harvard, autor de *Unfit for Command* [Sin aptitud para comandar], que creó la controversia del «Swiftboat» que contribuyera a destruir la carrera presidencial de John Kerry en 2004. También escribió *The Obama Nation* [La nación Obama], que hizo surgir preguntas en torno a Barack Obama: su nacimiento, su religión, su filiación política y sus políticas durante la carrera por la presidencia en 2008. Los dos libros fueron éxitos de ventas según *The New York Times*. Y ambos contribuyeron al tono de retórica de la Derecha. Ambos siguen moldeando la percepción que el pueblo tiene de las personas que allí aparecen.

De la fe de Obama, tanto de aquella con la que asumió como de la que resultó de este crecimiento religioso, Corsi sospecha, y mucho. Corsi es católico romano, y dijo:

> El cristianismo de Barack Obama es una religión de conveniencia política. En él no se halla la doctrina cristiana ortodoxa, aunque sí una gran dosis de marxismo, más una gran dosis de raza. Pero de cristianismo, la dosis es muy pequeña. Su fe es esencialmente el marxismo, trasplantado a una versión aguada del cristianismo. No veo mucho fruto que indique que es cristiano, no importa qué cosas haya aprendido a decir o leer en público.[15]

Lo que para Corsi lo confirma es cómo Obama se conduce como presidente.

Le da mucha importancia al Ramadán, pero cuesta lograr que arme un pesebre en la Casa Blanca. No va a los servicios nacionales de oración, no ha elegido una iglesia de D.C., y parece no poder citar la Declaración de la Independencia sin omitir el nombre de Dios. En su primer mandato, entonces, la religión ha sido un tema de menor importancia. No ofrece iniciativas basadas en la fe, que pueda ver. No pone énfasis en los días de oración, ni incluye comentarios sobre Dios en sus discursos. Sin embargo, sí encuentra tiempo para presionar con el tema del aborto, tanto como le es posible; lo mismo que con la agenda de los homosexuales y con la economía socialista. Son cosas que un verdadero hombre de fe no haría.[16]

> *«Las raíces de Obama son del islam. Es lo que le enseñaron cuando era pequeño y con eso se siente cómodo. Se siente más vivaz, más a gusto cuando está con musulmanes».*

Corsi sospecha que el verdadero hogar espiritual de Obama está en alguna parte muy alejada del cristianismo que el presidente afirma profesar.

«Las raíces de Obama son del islam. Es lo que le enseñaron cuando era pequeño y con eso se siente cómodo. Se siente más vivaz, más a gusto cuando está con musulmanes». Corsi cree que eso es lo que está influyendo en la percepción del mundo entero y que incluso afecta la política exterior de Estados Unidos.

En Medio Oriente, la creencia general es que Obama es musulmán. Saben que jamás renunció al islam. Y escuchan con atención cuando apela al mundo musulmán como si fuera su tierra natal. En todos los países de Medio Oriente, por ejemplo en Israel, creen firmemente que hace lo que tiene que hacer como cristiano con tal de cubrir su fe islámica.[17]

También sospecha de Obama, aunque por razones diferentes a las de Corsi, David Barton, historiador a quien la revista *Time* llamó el «héroe de millones» por sus exposiciones y servicio al legado cristiano y propósito divino de Estados Unidos. Barton admite que tal vez Obama pueda ser cristiano en alguna forma, pero insiste que las políticas de su gobierno no lo demuestran.

Tal vez tenga cierta fe cristiana, pero es claro que no se trata de una fe bíblica. ¿Qué diferencia hay, en términos políticos, si el hombre es cristiano en lo personal pero no permite que esa fe cristiana sea la que dé forma a sus políticas? Es claro que Obama no tiene políticas bíblicas de ninguna clase.

Tenemos que recordar que Obama asistió a la Iglesia Unida de Cristo durante veinte años y que aprendió lo que esa denominación le enseñó. Es reflejo perfecto de esa denominación, una denominación clásica, liberal, que empequeñece. Fue la primera denominación supuestamente cristiana en ordenar ministros homosexuales. Y abogaron por el aborto dos años antes de que se aprobara la ley. Hasta apoyaban el aborto parcial al nacimiento. Apoyan a los palestinos en lugar de a los judíos. Tienen problemas con el Dios «sexista» de la Biblia y por eso utilizan vocabulario «neutro» en sus servicios. Creen en una Biblia viva y en una Constitución viva. Para ellos no hay absolutos, en particular en lo que atañe a lo moral.[18]

Este trasfondo explica gran parte de la presidencia de Obama, insiste Barton:

Obama no ha mostrado cambios en la fe o la moral en la Casa Blanca. La Ley de defensa del matrimonio (DOMA, por Defense of Marriage Act en inglés) es un ejemplo. Comenzó a dejar de lado a la DOMA mucho antes de negarse a defenderla. No hizo de ella un tema base en los nombramientos del gabinete. No usó los medios a su disposición en defensa del matrimonio tradicional. Y luego, acabó por hacer a un lado esta ley. Claro que es coherente. Porque en sus primeros seis meses instituyó cuarenta y un políticas a favor del aborto, más que cualquier otro presidente. Esto es lo que en realidad nos dice quién es este hombre.[19]

Lo que también convence a Barton es la torpeza de Obama cuando debe efectuar declaraciones de fe.

En siete ocasiones citó mal la Declaración de la Independencia, omitiendo el nombre de Dios en cada una de esas veces. Y lo mismo hizo con el lema nacional. Dijo que es: *E Pluribus Unum*. Y no es así. Es: «En Dios confiamos». Y lo sabe, pero se niega a citarlo correctamente. Si hasta quitó énfasis a los temas de la fe en sus departamentos de gobierno. La oficina de iniciativas basadas en la fe hoy es una oficina de nivel inferior. De hecho, quitaron esa oficina del sitio de Internet del gobierno el día que asumieron. Fue una clara señal de sus intenciones.[20]

Barton encuentra aliento en que las batallas políticas por venir tal vez brinden la oportunidad de sacar a la luz lo que la mayoría de los medios no quieren cubrir: la inclinación antireligiosa de Obama. «La verdad ya salió a la luz. Es como un virus. Hay videoclips, blogs, sitios web de grupos profamilia y organizaciones conservadoras de noticias, que están dándolo a conocer». ¿Servirá para ello el hecho de que Obama busque la reelección?

Será el candidato opositor quien defina hasta dónde llega a ser de importancia la religión de Obama. ¿Tendrá coraje el que lleve el estandarte republicano de ocuparse de este tema? Eso espero, pero en este momento no veo ningún candidato dispuesto a hacer que el tema llegue al nivel que merece.[21]

SON ESTAS, ENTONCES, LAS LÍNEAS QUE DEFINEN LA FE DE OBAMA. NO SE las podrá cubrir con el tiempo, ni quedarán en el olvido ante cosas que sucedan. Solo se harán más marcadas, más definidas, a medida que se hagan más intensos los conflictos políticos.

El desafío para Obama, si de veras hay una nueva dinámica espiritual que obra en su vida, será conciliar su nueva fe con su política. Es lo que exigirá el electorado inquisitivo y sus opositores republicanos. Tendrá que dejar de ser el hombre fragmentado, esa exótica figura cuya fe, personalidad y política jamás parecen consolidarse. Tendrá que trabajar para ser coherente en todos los aspectos, para poder entender

> *El desafío para Obama, si de veras hay una nueva dinámica espiritual que obra en su vida, será conciliar su nueva fe con su política.*

a los que lo están mirando. El misterio y la celebridad ya no le servirán en los tiempos por venir. Tendrá que verse como un líder formado completamente, como hombre pulido por la experiencia, templado por la adversidad y la reflexión.

Es posible, como alegan sus críticos, que haya aprendido su política en parte de los radicales, de los exterroristas y de la izquierda norteamericana. Sin embargo, se le dijo esto al país, y el país decidió confiar en que maduró, que hoy no es lo que era antes. Los norteamericanos casi siempre prefieren dejar pasar las cosas y seguir adelante. Aun así, si el presidente de veras es un nuevo hombre de fe, tendrá que llevar esto al primer plano y mostrarle al país que sus creencias son las que dan forma a su liderazgo. Habrá nuevos foros de fe. Habrá nuevas crisis que requieran de explicaciones religiosas. Y con ello, surgirán las preguntas. ¿Cuál es la relación entre el amor de Obama por las Escrituras y su opinión sobre el aborto, por ejemplo? ¿Y qué relación tiene con la Biblia su negativa a apoyar la visión bíblica del matrimonio? ¿Cómo es que entiende el matrimonio homosexual, desde el fundamento de la fe?

A los seculares no les importará. Y a los que le son leales incondicionales, no les interesarán las respuestas. Pero sus opositores, y el electorado que cambia de candidato y que tanta falta le hará para poder ganar una reelección, sí querrán entender. Entonces veremos si surge de veras un nuevo Barack Obama. ¿Será el Barack Obama con pasión religiosa, el hombre que le ministró a su amigo cuando este sufría en tiempos de crisis? ¿O será el político simpático, inmutable y práctico, el que sube a escena? Es esta la pregunta que definirá las elecciones y definirá el rumbo de la nación, que definirá quién será Barack Obama, incluso *coram deo*, ante los ojos de Dios.

6

Tiempo de sanar

Son a los que sanan a quienes más se les recuerda. Aquellos que nos enseñan a vivir por encima de nuestras limitaciones inferiores. Los sanadores son los de gran corazón, los que aman. Son almas que nos muestran el camino hacia el mundo de nuestra esperanza, quienes nos enseñan que podemos convertir nuestra más elevada retórica en realidad terrenal y viva.

Suelen llegar después de temporadas sangrientas e hirientes, pero parecen inmunes a la venganza e ira de los hombres mediocres y pequeños. Saben cómo aferrarse al perdón y la generosidad del corazón porque son estas las características que generalmente han forjado en los valles oscuros de sus propias vidas. Afortunadamente, se elevan para agraciar el escenario público y luego sanar a su país y a su pueblo con verdades bien ganadas en tiempos menos visibles. Entonces las naciones se ven unificadas. La lucha política se convierte en el arte del estadista. Se ennoblece la competencia y se le prepara para formar parte de un todo. Los hombres y las mujeres se ven librados del puño de los mezquinos. Eso es lo que hacen los que sanan.

Se me ocurre pensar en Abraham Lincoln. Desde las profundidades de una vida acosada por la más profunda depresión emocional logró hacer que surgiera la generosidad del alma, resistiéndose a los odios de su época. A sus políticos rivales les asignó posiciones en su gabinete, pidió perdón al finalizar la Guerra Civil y convocó a su nación a la grandeza, con frases extraordinarias que aún resuenan:

> Con malicia hacia ninguno, con caridad hacia todos. Con firmeza en lo justo según nos lo muestra Dios, luchemos y esforcémonos para completar la tarea de la cual nos ocupamos, para cerrar las heridas de la nación y cuidar del que soportó la batalla, de las viudas y los huérfanos que han quedado. Ocupémonos de hacer todo lo que se pueda por lograr y atesorar una paz justa y duradera entre nosotros y con todas las naciones.[1]

Abraham Lincoln fue uno de los hombres sanadores. También Nelson Mandela, que a pesar de haber sido encarcelado, acusado de terrorismo contra un estado racista, surgió décadas después como líder de la sanidad de su país. «Si soñamos con una Sudáfrica hermosa», dijo una vez, «también soñamos con caminos que llevan a ese objetivo. Dos de esos caminos podrían llamarse Bondad y Perdón».

Claro está que además, no podemos dejar de nombrar a Martin Luther King Jr., quien pudo haber estado de pie en los escalones del Monumento a Lincoln en 1963, dando voz a la ira de su pueblo. En cambio, urgió a la fe que iba a «transformar a la disonante discordia en nuestra nación en bella sinfonía de hermandad». Era un sanador.

Algunos sanadores sanan con hechos, si no con palabras. Recién en el funeral del expresidente Gerald Ford pudimos entender algo que debimos haber sabido mucho antes: que Ford era un hombre de excepcional bondad, que «supo aplicar el antídoto contra los venenos inoculados por Vietnam y Watergate».[2] No vivió en una era épica como la de Lincoln, ni tenía el don de la retórica de King. Pero fue un sanador por su carácter y la condición de su alma, y en un momento en que su nación lo necesitaba sin entender que él era una señal de gracia.

Hay otros, por supuesto: los Gandhi y los Washington, hombres como Desmond Tutu y William Wilberforce, mujeres como Benazir Bhutto y Golda Meir. Serán todos recordados, puesto que a los guerreros se les recuerda con admiración y a los estadistas con respeto. Pero a los sanadores se les recuerda, en cambio, con amor.

Fue William Shakespeare quien escribió en *Julio César*:

> En los asuntos de los hombres hay una marea
> que en pleamar lleva a la fortuna,
> y si se la omite, el viaje entero de sus vidas
> queda sumido en la miseria y la superficialidad.
> En esta pleamar flotamos ahora
> y debemos aprovechar la corriente mientras
> se pueda,
> o perder nuestra ventura.

Parece estar diciendo que el destino a veces ofrece oportunidades que hay que reconocer y aprovechar. Hacer esto conduce a la gloria. Si uno no reconoce el momento del destino, quedará sumido en la superficialidad, en la inmovilidad de la bajamar, en la miserable contemplación de lo que podría haber sido.

La presencia de Barack Obama en el escenario nacional, aparte de la política, brinda una oportunidad para contemplar los males y conflictos nacionales que, si somos sabios, podrían llevarnos a cumplir el potencial de un momento del destino. Y esto, en un momento de grandes cambios en nuestra historia. No es una oportunidad que Obama esté ofreciendo a consciencia, sino que solo anuncia con su presencia. No es su propósito ofrecerla pero aparece como símbolo de tal oportunidad, incluso para sus opositores políticos.

Sin embargo, esta es una historia que con toda probabilidad no será la que formen los políticos o el gobierno. Lejos está de serlo. Debemos recordar las palabras del columnista George Will, que escribió: «Casi no hay una sola página en la historia estadounidense que no refute esa insistencia tan característica de la clase política sobre la primacía de la política para forjar la historia».[3] Por eso, dice Will, «Casi nada es tan importante como casi todo lo que se aparenta en Washington. Y la importancia de un suceso de Washington posiblemente sea inversamente proporcional a la atención que recibe».[4] Es lo que esperaban las generaciones de los fundadores de la nación, como dijo Patrick Henry: «La libertad requiere de la reducción de la ambición política a su más mínima expresión. La libertad requiere de que nos concentremos en más que la mera forma de gobernar».[5] No, el gobierno no es el que creará la nueva historia que hoy se le ofrece a nuestra generación. Y aunque no nos lo parezca, es la política la que impulsa hacia el foro los temas que, tratados como se debe, tal vez nos lleven a esa historia.

> *La presencia de Barack Obama en el escenario nacional, aparte de la política, brinda una oportunidad para contemplar los males y conflictos nacionales que, si somos sabios, podrían llevarnos a cumplir el potencial de un momento del destino.*

Pensemos por ejemplo en la raza. En tanto Barack Obama y su presidencia sigan vivos en la historia, también seguirá vivo el nombre del reverendo Jeremiah A. Wright. No puede ser de otro modo. Tal vez, durante generaciones los norteamericanos se preguntarán cómo puede ser que Obama haya escuchado a un hombre como él durante veinte años, y qué impacto tuvo la ira del reverendo en el gobierno de Obama a pesar de la distancia que se le impuso. Con todo, incluso esta es una oportunidad que aparece bajo un manto de cambios y convulsión.

Pero, ¿podría ser que lo que sucedió le ofreciera a la nación una oportunidad, un momento estratégico, para la sanidad y la gracia? ¿Es posible que más allá de la política del momento, haya una marea como la de Shakespeare que tenemos que aprovechar, una puerta abierta a la sanidad del país?

ES ENTENDIBLE, HABIENDO OÍDO FRAGMENTOS DE LOS SERMONES DE Wright, habiendo visto cómo se conduce ante la prensa, el pueblo estadounidense llegó a la conclusión de que era un loco, un desquiciado, un racista, un anciano de color cuya fama tal vez no dure mucho. La política exigía que Obama se distanciara de este hombre (su pastor, su mentor y su amigo), y eso hizo él presentando lo que muchos ven como «la defensa del viejo tío loco»: diciendo que Wright había sido talentoso y brillante pero que ahora, estaba cayendo en la necedad que salta a la vista de todos. Fue doloroso verlo y muchos estadounidenses terminarán viéndolo solo como una rareza en uno de los tantos ciclos locos de la política del país.

Pero Jeremiah Wright no está loco. Es un hombre instruido, con cuatro diplomas universitarios, respetado en su iglesia y su denominación, que ha sido una de las voces honradas en la Norteamérica negra. Cuando la administración Clinton buscaba lavarse y lavar al país de la suciedad del escándalo Lewinsky, Wright se contó entre los invitados a la Casa Blanca. Cuando en todo el país las iglesias negras anhelan un reavivamiento espiritual, a menudo suelen llamar a Jeremiah Wright. Cuando los seminarios más importantes desean entender el pensamiento religioso de la gente de color, convocan, entre otros, a Jeremiah Wright. A pesar de sus muchas veces inusual conducta ante la prensa nacional, sus «acrobacias» nacidas del dolor y el enojo, toda la evidencia indica que se trata de un hombre que está en sus cabales, que solo está expresando el mensaje de millones de personas. Decir que está loco y descartarlo sin prestarle atención sería perder una oportunidad para sanar una herida infectada que sigue doliendo aún.

Lo que argumenta Wright es que el gobierno de Estados Unidos suele ser más a menudo una fuerza de opresión y no de bien. Sostiene que hay pecados nacionales de los que tenemos que ocuparnos, males infligidos por nuestro gobierno sobre los ciudadanos más indefensos, de este y otros países, que apenan a Dios y (si es verdad la ley bíblica de cosechar lo que se siembra) que todo esto puede causar el mal para los estadounidenses, que tendrán que recoger lo que han sembrado. Tan riguroso es Wright al exponer estos males y tan comprometido está en resistir al opresor a favor del oprimido, que le dijo a su amigo y miembro de su congregación, Obama, en 2007: «Si te eligen el 5 de noviembre te voy a perseguir porque estarás representando a un gobierno cuyas políticas aplastan al pueblo».[6]

¿Cuáles son esos males? Está la esclavitud, por supuesto, y el maltrato de los aborígenes de Norteamérica. También está la acusación de opresión policíaca en los barrios pobres del país. Nada de eso es inesperado, pero Wright dice que hay más. Acusa a su gobierno de cometer actos de abuso contra la salud de los negros. Sostiene que la gente de color es sacrificada en guerras inmorales en el extranjero y que esas mismas guerras difunden las matanzas y la miseria en todo el mundo. Argumenta que hasta nuestros más respetados presidentes les han mentido a sus conciudadanos y que una y otra vez, es más la maldad que la bondad lo que nutre a la política exterior de Estados Unidos. Y no está solo. Es el sentimiento que resuena desde los púlpitos negros en todo el país, y también de parte de los académicos y escritores que concuerdan con ellos.

Debiéramos hacer una pausa para reflexionar que si aunque la mitad de todo esto es cierto, debieran preocuparse no solamente los ministros negros. Cualquier ciudadano que lleve en su corazón los valores de esta nación debiera sentir asombro y vergüenza entonces. Cualquier credo que valore la compasión y sostenga que la vida humana es creada a imagen divina debería estar horrorizado y buscar la forma de corregirlo. Quizá, aunque tan solo fuera verdad una parte de las acusaciones de Wright, lo que reclama en esta campaña electoral de 2008 nos presente la oportunidad de sanar heridas históricas. Es posible que se trate de un llamado de alarma para que todos seamos más cristianos que republicanos, más estadounidenses que demócratas, más nobles y justos que burdos y crueles políticos. Y es probable también que esta sea la oportunidad para que oigamos verdades de los labios de quienes nos critican.

Porque es un hecho que parte de lo que dice Wright es cierto, y no solo en cuanto a la esclavitud, los aborígenes o la conducta de los policías, que son las cosas más conocidas. El hecho es que el gobierno estadounidense sí abusó de la salud de los negros en el pasado. La sospecha de Wright en cuanto a que su gobierno tal vez no tenga en cuenta el mejor interés de su raza no es una fantasía y la sociedad estadounidense que sabe compadecerse debería intentar entender por qué.

Entre 1932 y 1972, más de cuatrocientos hombres de color que sufrían de sífilis y provenían del condado de Macon en Alabama, ingresaron en un estudio médico en el que se les negó el tratamiento para su dolencia. El programa, llamado Estudio Tuskegee de la Sífilis, era operado por el Servicio de Salud Pública

> La sospecha de Wright en cuanto a que su gobierno tal vez no tenga en cuenta el mejor interés de su raza no es una fantasía y la sociedad estadounidense que sabe compadecerse debería intentar entender por qué.

de Estados Unidos. En ese estudio no se les dijo a estos hombres que sufrían de sífilis sino que se les estaba brindando tratamiento para la mala sangre, un término local que se usa para describir una variedad de enfermedades como la anemia y la fatiga. Aun después de que en 1947 la penicilina se comenzara a usar como tratamiento de rigor para la sífilis, no se les suministró el antibiótico porque se deseaba investigar hasta dónde puede extenderse y matar esta enfermedad. Como resultado, murieron docenas de hombres, se habían contagiado a mujeres y niños, y el estudio continuó hasta 1972 cuando trabajadores de la salud pública filtraron esta noticia a la prensa. Al año siguiente, en 1973, una demanda colectiva hizo que los participantes que todavía quedaban en ese programa fueran indemnizados con $9 millones de dólares a repartirse entre ellos.

La generación de Jeremiah Wright nunca olvidó esa lección, aunque había habido otros abusos para refrendarla: nuestro gobierno permite que mueran hombres de color como si fueran conejillos de indias con fines de investigación médica. Este mensaje llegó a lo más profundo de los corazones de los estadounidenses de color justo cuando Wright asumía el cargo de pastor principal en la Iglesia Unida de Cristo La Trinidad, justo cuando la teología negra comenzaba a dar forma a la iglesia afroamericana.

Veinticuatro años después de que finalizara el estudio, el presidente Bill Clinton pidió disculpas por lo que había hecho su gobierno. Dijo que el Estudio Tuskegee de la Sífilis había sido algo «profunda, terrible y moralmente malo». Y luego concluyó:

> A los sobrevivientes, a las esposas y familiares, a los hijos y nietos, les digo lo que ya saben: no hay poder en la Tierra que pueda devolverles las vidas perdidas, el dolor que han sufrido y los años de tormento y angustia interior. No se puede deshacer lo que se ha hecho. Pero sí podemos terminar con el silencio. Podemos dejar de mirar hacia el otro lado. Podemos mirarlos a los ojos y decir por fin, en nombre del pueblo estadounidense, que lo que hizo el gobierno de Estados Unidos fue algo vergonzoso. Y que pido perdón por ello.[7]

Lo que importa aquí no es que todo lo que argumenta el reverendo Wright es verdad, pero que hay verdad suficiente como para que un pueblo capaz de compadecerse pueda examinar sus actos y corregirlos de manera redentora. Seguramente corresponde enfrentar las mentiras del gobierno como por ejemplo lo hizo Clinton con respecto a la inmoralidad del Estudio Tuskegee. Wright sugirió que Franklin Roosevelt sabía de antemano sobre el ataque japonés a Pearl Harbor pero que le mintió al pueblo estadounidense. Los comentaristas de todo el espectro político, desde Fox a la CNN, lo ridiculizaron. Pero su opinión ha sido objeto de debate desde hace tiempo ya entre académicos serios, al menos desde que Charles A. Beard escribió su libro *President Roosevelt and the Coming of the War, 1941* [El presidente Roosevelt y la llegada de la guerra, 1941] en 1948. No es un punto de vista que compartan muchos de los historiadores modernos, pero sí es académicamente creíble lo suficiente como para hacer que lo pensemos dos veces antes de descartar los dichos de Wright como si vinieran de un tonto. En cambio, deberíamos escucharlo, y entender que su opinión es la de muchos en Estados Unidos, y hacer un esfuerzo por sanar esa herida.

Aun así, lo que ofende a muchos estadounidenses es que Wright denuncia todo esto desde un púlpito cristiano. Aquí yace el malentendido de lo que es la experiencia de la iglesia negra. Desde los tiempos de la esclavitud hasta hoy, la iglesia negra en Estados Unidos pocas veces fue solamente un sitio de reunión de los domingos por la mañana. Ha sido, en su comienzo, el único momento de la semana que los esclavos podían sentir como propio para adorar, sí, pero también para oír las noticias más recientes, para planificar por el bien de la comunidad y para aislarse como pueblo en contra de los males de su época. Luego, cuando las leyes lo permitieron, la iglesia negra se convirtió en una voz profética contra la injusticia, asumiendo la misión de salvar a las personas y al mismo tiempo de confrontar a la sociedad con la voluntad del Dios vivo. Esta tradición profética, este trato de lo espiritual como de lo social, fue lo que llevó a la iglesia negra al frente de la batalla por los derechos civiles, y originó el surgimiento de hombres como Martin Luther King Jr. Piense, por ejemplo, en cómo entendía King el rol de la iglesia y el estado:

> Hay que recordarle a la iglesia que no es ni amo ni sirviente del estado, sino la voz de su conciencia. Tiene que ser la guía y la crítica del estado, pero nunca su instrumento. Si la iglesia no recupera su celo profético se convertirá en un club social irrelevante, sin autoridad moral o espiritual. Si la iglesia no participa activamente en la lucha por la paz, por la justicia económica y racial, estará renunciando a la lealtad de millones de personas haciendo que en todas partes se diga que su voluntad se ha atrofiado. Pero si la iglesia se libra de los grilletes de un status quo que la mata y recupera

su gran misión histórica, hablando y actuando sin temor y con insistencia en términos de justicia y paz, volverá a encender la llama de la imaginación de la humanidad, el fuego en las almas de los hombres, imbuyéndoles de un amor constante y ardiente por la verdad, la justicia y la paz.[8]

Es algo que nos indica la tradición de origen de los dichos de Jeremiah Wright, dichos que una sociedad que se tilda de grande, como la americana, no puede darse el lujo de desoír. Cuando sugiere que la pobreza está al mismo nivel que cuando Martin Luther King Jr. lanzó su campaña por los pobres en 1968, habla de algo que un pueblo que se considera grande tiene que tomar en cuenta. Cuando argumenta que el sufrimiento de los aborígenes norteamericanos debiera paliarse con más que solo el producto de las apuestas en los casinos, un pueblo que se considera justo no puede darse el lujo de desoír lo que dice. Y cuando Barack Obama, miembro de su congregación, afirma que

> *Wright pertenecía a una generación de gente de color para quienes «los recuerdos de la humillación, la duda y el miedo siguen vivos, como así también la ira y amargura de esos años».*

el camino a una unión perfecta implica reconocer que lo que afecta a la comunidad afroamericana no existe solamente en las mentes de la gente de color, que el legado de la discriminación y los incidentes actuales de discriminación, aunque menos obvios, siguen siendo reales y deben ser atendidos,

un pueblo que tiene por intención llegar a ser una sociedad de las grandes, debe intentar comprenderlo y actuar en consecuencia.[9]

Sin embargo, esta es la manera en que la historia, y la esperada sanidad que augura, continúa: con una nueva generación. En su discurso sobre la «Unión perfecta», en el que explicó su historia con Jeremiah Wright, Obama se describió a sí mismo en términos generacionales. Wright pertenecía a una generación de gente de color para quienes «los recuerdos de la humillación, la duda y el miedo siguen vivos, como así también la ira y amargura de esos años». Obama se proclamó como perteneciente a una nueva generación, a un pueblo más joven comprometido con «la aceptación de los males de nuestro pasado sin convertirnos en víctimas del mismo». Había llegado un cambio, dijo, y una nueva generación de afroamericanos estaba tomando las riendas ahora.

PODRÍA SER QUE LA VISIÓN DE LA FE DE ESTA MISMA NUEVA GENERACIÓN brinde además una oportunidad a la sociedad estadounidense. Es que durante décadas, la política norteamericana basada en la fe se ha visto dividida en dos campos, casi armados. Ante todo está la izquierda religiosa con raíces en el liberalismo teológico, con el entusiasmo de utilizar los mecanismo del gobierno para alcanzar fines de justicia, que se cuida de juzgar moralmente a la homosexualidad o el aborto desde el podio público que busca mostrar como neutral. Y luego está la derecha religiosa, con raíces en un ángulo de visión de «intención original» de las Escrituras, que sospecha del gobierno como medio para alcanzar el bien social y está decidida a engrosar las barricadas de la moralidad bíblica en el país.

La primera es la que ha defendido Barack Obama. Y la segunda fue el baluarte de George W. Bush. La primera tuvo como padres a Lincoln, César Chávez, Wilson y King. Y la segunda, a Reagan, Friedman, Falwell y Rand. La primera prefiere hacer de la compasión la medida de todas las acciones de gobierno y la segunda busca que la libertad individual sea el derecho más sagrado. La una lee la Biblia para afirmar la justicia social de los profetas del Antiguo Testamento, proclamando: «que fluya el derecho como las aguas, y la justicia como arroyo inagotable»[10] en tanto la otra preferiría: «El que no quiera trabajar, que tampoco coma» y «se proclamará en el país la liberación».[11]

Así es la cuestión.

Pero una generación nueva, harta del enfrentamiento y de la guerra de textos sagrados, formula preguntas que desafían a las categorías establecidas. En un libro sagrado en el que la causa de la pobreza se menciona más de dos mil veces, ¿hay prohibición para que el gobierno atienda a las necesidades de los pobres? En un libro sagrado en el que se describe a los que están en el vientre como saltando de alegría en respuesta a las buenas noticias, o llenos del Espíritu Santo ya desde el vientre materno, ¿hay sanción para terminar con un embarazo? La pobreza, ¿no es más que una función del mal carácter y conducta? ¿O también puede provenir de la opresión, la injusticia y la codicia? ¿Debe buscar un pueblo únicamente la riqueza? ¿Es la paz la esperanza solo del débil o será la voluntad de Dios para el ser humano? Ese versículo, «ama a tu prójimo», ¿es el que más importa? ¿O será «obedecer al Señor» el de mayor relevancia?

> *En un libro sagrado en el que la causa de la pobreza se menciona más de dos mil veces, ¿hay prohibición para que el gobierno atienda a las necesidades de los pobres?*

En la encrucijada que representan estas preguntas está Barack Obama. Ha defendido y abogado por la izquierda religiosa y sin embargo, desde sus inicios en la función ha cambiado. Echó raíces más profundas en la tradición cristiana, comprendiendo con mayor plenitud el significado de la verdad bíblica. Ahora tiene la oportunidad de articular su visión social en términos de una fe que germinó en su corazón no hace tanto tiempo. Tal vez sea capaz de conciliar la división entre la derecha y la izquierda del espectro religioso y hacerlo mediante la exposición de toda la visión social de las Escrituras, que ninguna de las dos facciones logra apreciar del todo.

PODEMOS ESPERAR ESTO DE BARACK OBAMA A CAUSA DE SU PARTICULAR perspectiva de la política y la fe.

Es el caso de Bill Clinton y Jimmy Carter, entre otros. Pero estos dos parecieron truncar su fe y hasta levantar un muro de separación entre la fe y la práctica. La fe de Obama infunde vida a su política pública, por lo que no se limita al plano de su vida personal sino que además, informa su liderazgo. Obama arraiga su liberalismo político en una visión teológica del mundo. En el futuro, tal vez convoque a otros a hacer lo mismo aunque desafíe a lo que le ha precedido: la Izquierda secular, la fe truncada de la política tradicional y por cierto, la Derecha Religiosa que hoy se desvanece.

Lo que puede afirmarse con certeza es que la fe de Barack Obama no solo será lo que anime su vida y su liderazgo, sino además será lo que siga brindándole a la nación la oportunidad de confrontar los problemas de la raza y la política pública dentro del marco de los valores religiosos. Y esto podría ofrecernos, en medio de los problemas, una época de reflexión sobre lo que hemos sido, sobre lo que Dios y su voluntad significan para nosotros como pueblo, y sobre lo que creemos que estamos destinados a ser. Es de esperar que lo hagamos pronto, y con sabiduría, porque la marea de Shakespeare no siempre será alta. Es de esperar que podamos hacerlo buscando sanar lo que se ha rasgado, porque son los sanadores los que sobreviven y construyen para las generaciones futuras.

Reconocimientos

Fue mi abuela sureña la que una vez me ordenó que «nunca hablara de religión o política entre gente educada». Tal vez tuvo la razón, aunque casi no he hecho otra cosa durante toda mi vida. Sin embargo, su consejo no fue en vano porque me di cuenta aún entonces que lo que buscaba era enseñarme a tener mejores modales, aquellos que expresan amabilidad y consideración, en lugar de ser punzante y causante de divisiones. Ella trataba de lograr que el sur tuviera alguna impresión en su nieto impetuoso y malcriado, por lo que muchas veces deseé que su tradición hubiera vivido con mayor nobleza en mi alma. Pero como no es así, al menos tengo la sabiduría de rodearme de personas de espíritu más elevado y cerebro más privilegiado que jamás yo tendré.

La persona principal entre ellas es mi esposa, Beverly, a quien siempre acudo primero para pedir consejo. Ella es también mi primera editora, mi primer consuelo cuando sufro la desesperación del escritor. Mi esposa tiene esa combinación única de la amante y la guía, la defensora y leal opositora que hace que yo sea mejor de lo que soy solo. Lo que ella hace por mí como autor, lo hace también en mi vida, transformando ambos aspectos con su pasión, su alegría y fortaleza.

La compañía que dirige, Chartwell Literary Group (http://www.chartwellliterary.com), comprende a un grupo de expertos literarios sin los cuales yo no puedo vivir. Es ese sentido que tienen del espíritu de un libro, de las posibilidades creativas de la palabra impresa, lo que me inspira y ayuda a ver la maravilla de los libros como si siempre fuera la primera vez. Bajo la mano sabia de Beverly, Chartwell se está convirtiendo en una hermandad de escritores, la respuesta a la oración de cualquier editorial.

Junto a Beverly como parte de mi grupo inmediato está el doctor George Grant, hermano mayor, mentor y amigo. Él me permitió en este libro criticar a la Derecha Religiosa que ha amado, castigado, pastoreado y guiado intelectualmente. Ha actuado con tal gracia ante mis opiniones, con tal paciencia ante mis exigencias de su tiempo, que todo esto es evidencia de un carácter que solo puedo anhelar para mí mismo como ejemplo.

Melinda Gales de Gales Network (www.galesnetwork.com) organizó las entrevistas que hicieron que este libro llegara a ser lo que es, en tanto su esposo David me ayudó a entender el manuscrito a través de sus ojos, amables pero implacables al mismo tiempo. Michaela Jackson, genio de la investigación y editora, nunca dejó de recordarme que su generación, los jóvenes para quienes «la fe es como el jazz», no pueden ser ignorados en la historia de Obama y confío en que he logrado captar la pasión e importancia de esa tribu en este libro. Dimples Kellogg con tanta habilidad editó el manuscrito que con ello hizo que me preguntara si alguna vez había escrito yo algo en buen inglés. Dan Williamson, David Holland y Stephen Prather me brindaron sus sabios consejos y les estoy muy agradecido por eso, pero ante todo, por su amistad.

Ha habido muchas almas generosas dispuestas a hablar con nosotros sobre temas que atañen a la vida de Barack Obama. Entre ellos, el primero ha sido Joshua DuBois, jefe de la Oficina de iniciativas basadas en la fe y la comunidad. Su fe personal, su inteligencia, su amor por el presidente Obama, y su devoción al cambio social basado en la fe me han conmovido. El doctor Joel Hunter, uno de los consejeros espirituales del presidente y pastor de la Iglesia Northland de Florida Central, no solo ha sido generoso con su tiempo sino también transparente y tierno, al relatar la historia de su nieta Ava, incluida en estas páginas. Le estoy agradecido y confío en que no le venza el dolor.

Jim Wallis de Sojourners me ayudó a entender la causa de la justicia social y el compromiso de Obama hacia esta labor, en una extensa entrevista que siempre recordaré con gratitud. El doctor Dwight N. Hopkins de la Universidad de Chicago, Facultad de Teología, accedió con toda gentileza a leer mi descripción de la teología negra y de Jeremiah Wright, y se tomó el tiempo de ayudar amablemente a este hombre blanco a entender. El embajador Alan Keyes con su típico fuego interno me contó cómo había sido la carrera por el senado de Illinois en 2004, y George Barna nos mostró por qué se le considera uno de los hombres verdaderamente sabios de nuestra época. El profesor Paul Kengor de Grove City College nos brindó sus comentarios perspicaces más allá de su obra *God and Hillary Clinton: A Spiritual Life* [Dios y Hillary Clinton: una vida espiritual] y Guy Rodgers, ex director nacional de Americans of Faith for McCain [Estadounidenses de fe a favor de McCain] nos ayudó a entender al hombre con quien trabajó tan bien. El doctor Jeff Clark de la Universidad Estatal de Middle Tennessee y también de McLean/Clark en Washington, D.C., nos brindó su agudo entendimiento de quién es Obama, y Dave Zinati ofreció su opinión informada y única sobre la realidad de la Derecha Religiosa. David Barton de Wallbuilders con toda gracia y bondad explicó su opinión de Barack Obama y me brindó material esencial para este libro. Entendí una vez más por qué la revista *Time* le ha definido como «héroe de millones». El doctor Jerome Corsi tuvo la amabilidad de concederme su tiempo justamente cuando lanzaba otra de sus giras como autor. Aprecio su franqueza, su academicismo y su amor por los buenos cigarros.

También tengo que agradecer a la Iglesia Unida de Cristo La Trinidad por haberme recibido con tanta calidez el fin de semana de Pascua, al arzobispo Desmond Tutu por sus palabras de aliento y a Malcolm DuPlessis por habernos permitido compartir tiempo con el arzobispo.

Joel Miller siempre ha hecho que para mí fuera una alegría trabajar con Thomas Nelson y lo hizo una vez más durante este proyecto. El apoyo estratégico de tipo esencial me ha sido provisto por Jim Laffoon, Brett Fuller, Sam Webb y Norman Nakanishi. Son amigos y padres, todos, y no podría hacer nada sin ellos. También quiero agradecer a Christopher y Tamara Clarke, cuya preciosa casa en las afueras de Washington D.C. fue un calmo refugio para este autor.

Y finalmente, mi más profundo agradecimiento a mis hijos Jonathan y Elizabeth. A pesar de que ambos estaban ocupados con sus estudios universitarios mientras yo escribía este libro —Elizabeth como estudiante de historia en la Universidad Belmont y Jonathan, que estudia administración de negocios en la Universidad de Tennessee— me han acompañado, con sus preguntas, inspirándome con su bondad, conmoviéndome con su humor y alegría. Creo que no hay padre que pudiera pedir hijos más buenos.

Notas

Introducción

1. Foro Pew sobre la religión y la vida pública: "Growing Number of Americans Say Obama is a Muslim", 18 agosto 2010: http://pewforum.org/Politics-and-Elections/Growing-Number-of-Americans-Say-Obama-is-a-Muslim.aspx.

2. Entrevista del autor con fuente anónima de la Casa Blanca, 16 marzo 2011.

3. Saul Relative, "Huckabee Gaffe Points to that Muslim Stuff—Again", *Yahoo News*, martes 3 marzo 2011.

4. Todd Purdum, "Raising Obama", Vanity Fair, marzo 2008.

5. The Barna Group, "Born Again Voters No Longer Favor Republican Candidates", 4 febrero 2008, p. 1, http://www.barna.org/FlexPage.aspx?Page=Barn aUpdateNarrow&BarnaUpdateID=291.

6. Adam Nagourney y Megan Thee "Young Americans Are Leaning Left, New Poll Finds", New York Times, 27 junio 2007.

Capítulo 1—Caminar entre dos mundos

1. Janny Scott, "The Long Run: In 2000, a Streetwise Veteran Schooled a Bold Young Obama", *New York Times*, 9 septiembre 2007.

2. Barack Obama, *Dreams From My Father* (Nueva York: Three Rivers Press, 1995), p. 15 [*Los sueños de mi padre* (Nueva York: Random House Spanish, 2009)].

3. Tim Jones, "Special Report: Making of a Candidate", *Chicago Tribune, 27* marzo 2007.

4. Ibid.

5. Obama, *Dreams*, p. 17.

6. Jones, "Special Report".

7 Paul Johnson, *Modern Times* (Nueva York: HarperCollins, 1983), p. 479 [Tiempos modernos (Vergara, 2000)].

8. Ibid.

9 Obama, *Dreams*, p. 50.

10. Barack Obama, *The Audacity of Hope* (Nueva York: Three Rivers Press, 2006), p. 204 [*La audacia de la esperanza* (Vintage Español, 2007)].

11. Abul Ala Maududi, *The Punishment of the Apostate According to Islamic Law* (Lahore: Islamic Publications, 1994), pp. 30–31.

12. Obama, *Dreams*, p. 58.

13. Ibid., p. 86.

14. Purdum, "Raising Obama".

15. Sharon Cohen, "Barack Obama Straddles Different Worlds", *USA Today*, 14 diciembre 2007.

16. Obama, *Dreams*, p. xv.

17. Ibid., p. 155.

18. Obama, *Audacity*, p. 206.

19. Obama, *Dreams*, p. 287.

20. Obama, *Audacity*, p. 209.

21. Ibid., p. 208.

Capítulo 2—Mi casa, también

1. Tim Grieve, "Left Turn at Saddleback Church", Salon.com, 2 diciembre 2006.

2. Iva E. Carruthers, Frederick D. Haynes II y Jeremiah A. Wright Jr., eds., *Blow the Trumpet in Zion* (Minneapolis: Fortress Press, 2005), p. 5.

3. Ibid.

4. Ibid.

5. Ibid., p. 6.

6. Ibid., p. 5.

7. Manya A. Brachear. "Rev. Jeremiah A. Wright, Jr.: Pastor Inspires Obama's Audacity", *Chicago Tribune*, 21 enero 2007.

8. Lucas 4.18.

9. James H. Cone, *A Black Theology of Liberation: Twentieth Anniversary Edition* (Nueva York: Orbis, 1986), pp. 45–46.

10. James H. Cone, *God of the Oppressed* (Nueva York: Orbis, 1997), p. xi.

11. Cone, *A Black Theology of Liberation*, p. 38.

12. Ibid., p. 35.

13. Ibid., p. 28.

14. Ibid., p. 25.

15. William A. Von Hoene Jr., "Rev. Wright in a Different Light", *Chicago Tribune*, 26 marzo 2008.

Capítulo 3—Fe adecuada a los tiempos

1. Obama, *Audacity*, p. 208.

2. Cathleen Falsani, "I Have a Deep Faith", *Chicago Sun Times*, 5 abril 2005; Sarah Pulliam y Ted Olson, "Q&A, Barack Obama", *Christianity Today*, enero 2008, edición exclusiva en la Internet, http://www.christianitytoday.com/ct/2008/januaryweb-only/104-32.0.html.

3. Obama, *Audacity*, p. 208.

4. Barack Obama, "Call to Renewal", discurso del miércoles, 28 junio 2006, Washington, D.C.

5. Obama, *Audacity*, p. 206.

6. Ibid., p. 208.

7. Ibid.

8. Ibid.

9. John K. Wilson, *Barack Obama: This Improbable Quest* (Boulder: Paradigm Publishers, 2008), p. 136.

10. Ibid., p. 137.

11. Ibid., p. 138.

12. Ibid.

13. Obama, "Call to Renewal".

14. Falsani, "I Have a Deep Faith".

15. Obama, *Audacity*, p. 204.

16. Falsani, "I Have a Deep Faith".

17 Wilson, *Barack Obama*, p. 138.

18. Obama, *Audacity*, p. 226.

19. Wilson, *Barack Obama*, p. 139.

20. Ibid.

21. Falsani, "I Have a Deep Faith".

22. Obama, *Audacity*, p. 222.

23. 2 Timoteo 3.16.

24. Obama, *Audacity*, p. 224.

25. Barack Obama, "On My Faith and My Church", 14 marzo 2008, http://www.realclearpolitics.com/articles/2008/03/on_my_faith_and_my_church.html.

Capítulo 4—Los altares del estado

1. Los detalles de esta viñeta están basados en la descripción de la carrera de Abraham Lincoln contra el reverendo Peter Cartwright por un escaño en el congreso, tomada del libro de Carl Sandburg, *Abraham Lincoln: The Prairie Years and the War Years* (Nueva York: Harcourt, Brace & World, Inc., 1954), pp. 83–84.

2. Obama, *Audacity*, pp. 46–47.

3. Ibid., p. 18.

4. David Mendell, *Obama: From Promise to Power* (Nueva York: Amistad, 2007), p. 261.

5. Race 4 2008, "Alan Keyes", http://race42008.com/alan-keyes.

6. Obama, *Audacity*, p. 209.

7. Ibid., p. 210.

8. John Chase y Liam Ford, "Senate Debate Gets Personal", Chicago Tribune, 22 octubre 2004.

9. Liam Ford y David Mendell, "Jesus Wouldn't Vote for Obama, Keyes Says", *Chicago Tribune*, 8 septiembre 2004.

10. Ibid.

11. Ibid.

12. Ibid.

13. Obama, *Audacity*, p. 211.

14. Obama, "Call to Renewal".

15. Ibid.

16. El discurso sirvió como borrador para el capítulo sobre la fe en el libro de Obama, *La audacia de la esperanza*, que se publicó ese mismo año.

17. E. J. Dionne, Op-Ed., *Washington Post*, 30 junio 2006.

18. Peter Wood, "Obama's Prayer: Wooing Evangelicals", *National Review*, 6 julio 2006, http://article.nationalreview.com?q=ZTMzNDU5ZDU4ZjhiYTkxMzhhNTk3Y2M5MmRhMmJkY2U=.

19. Compilación de Hegel por Kart R. Popper, *The Open Society and Its Enemies*, 4ta edición, 2 vols. (Princeton: Princeton University Press, 1963), 2:31.

20. Falsani, "I Have a Deep Faith".

21. Will Herberg, *Catholic-Protestant-Jew*, ed. rev. (Garden City, NY: Doubleday Anchor, 1960), p. 260.
22. Herbert Schlossberg, *Idols for Destruction* (Nashville: Thomas Nelson, 1983), p. 252.
23. Ibid., p. 251.
24. Pulliam y Olsen, "Q&A: Barack Obama".
25. Amanda B. Carpenter, "Obama More Pro-Choice Than NARAL", *Human Events*, 25 diciembre 2006, http://www.humanevents.com/article.php?id=18647.
26. Informe de prensa de NARAL del 13 junio, citado en "Opinion | NARAL Says It Does Not Oppose Born Alive Infants Act, Calls Bill 'Trap' to Put Abortion-Rights Supporters on Defensive" en la sección de Políticas de la Salud de la Mujer del Kaiser Daily, Informes diarios, 20 junio 2001, http://www.kaisernetwork.org/daily_reports/rep_index.cfm?DR_ID=5334.
27. Carpenter, "Obama More Pro-Choice Than NARAL".
28. Ibid.
29. Obama, *Audacity*, pp. 223–24.

Capítulo 5—Una nueva fraternidad

1. Larry Rohter y Michael Luo, "Groups Respond to Obama's Call for National Discussion about Race", *New York Times*, 20 marzo 2008, http://www.nytimes.com/2008/03/20/us/politics/20race.html.
2. Entrevista del autor con Joel Hunter, 27 abril 2011.
3. Ibid.
4. Alex Altman, "Joshua Dubois: Obama's Pastor-in-Chief", *Time*, 6 febrero 2009.
5. Entrevista del autor con Joshua DuBois, 28 febrero 2011.
6. Ibid.
7. Entrevista con Hunter.
8. Ibid.
9. Ibid.
10. Entrevista con DuBois.
11. Jacqueline L. Salmon, "The Pastor Who Has Obama's Attention", *The Washington Post*, 14 octubre 2009.
12. Ibid.
13. Ibid.

14. Entrevista con Hunter
15. Entrevista del autor con Jerome Corsi, 22 marzo 2011.
16. Ibid.
17. Ibid.
18. Entrevista del autor con David Barton, 22 marzo 2011.
19. Ibid.
20. Ibid.
21. Ibid.

Capítulo 6—Tiempo de sanar

1. Abraham Lincoln, Segundo discurso inaugural, 4 marzo 1865.
2. Richard Norton Smith, *Eulogy for President Ford*, 3 enero 2007.
3. George Will, *Nashville Banner*, 25 enero 1993.
4. George Will, *Washington Post*, 5 julio 1990.
5. Michael Drummond, *Participatory Democracy: A New Federalism in the Making* (Nueva York: L. T. Carnell and Sons, 1923), p. 22.
6. Jeremiah Wright, discurso en el National Press Club, 28 abril 2008. Los comentarios se pueden oír, parcialmente, en línea en http://www.breitbart.tv/?p=85643.
7. NPR, Remembering the Tuskegee Experiment, (*http://www.npr.org/programs/morning/features/2002/jul/tuskegee/*).
8. Martin Luther King Jr., "A Knock at Midnight", en *A Knock at Midnight: Inspiration from the Great Sermons of Reverend Martin Luther King, Jr.* (Nueva York: Grand Central Publishing, 2000), pp. 72–73.
9. Barack Obama, "A More Perfect Union", 18 marzo 2008.
10. Isaías 48.18.
11. 2 Tesalonicenses 3.10, Levítico 25.5.

Bibliografía

Anyabwile, Thabiti M. *The Decline of African American Theology: From Biblical Faith to Cultural Captivity*. Downers Grove, IL: Academic, 2007.

Barna, George y Harry R. Jackson Jr. *High Impact African-American Churches*. Ventura, CA: Regal, 2008.

Carruthers, Iva E., Frederick D. Haynes III y Jeremiah A. Wright Jr., eds. *Blow the Trumpet in Zion: Global Vision and Action for the 21st Century Black Church*. Minneapolis: Fortress Press, 2005.

Cone, James H. *Risks of Faith: The Emergence of Black Theology of Liberation, 1968–1998*. Boston: Beacon Press, 1999.

———. *A Black Theology of Liberation: Twentieth Anniversary Edition*. Maryknoll, NY: Orbis Books, 1986.

Corsi, Jerome. *The Obama National: Leftist Politics and the Cult of Personality*. Nueva York: Simon and Schuster, 2008.

Dougherty, Steve. *Hopes and Dreams: The Story of Barack Obama*. Nueva York: Black Dog and Leventhal Publishers, 2007.

Kengor, Paul. *God and Hillary Clinton: A Spiritual Life*. Nueva York: HarperCollins, 2007.

McCain, John y Mark Salter. *Faith of My Fathers: A Family Memoir*. Nueva York: Random House, 1999.

Mansfield, Stephen. *La fe de George W. Bush*. Lake Mary, FL: Casa Creación, 2004.

Mendell, David. *Obama: From Promise to Power*. Nueva York: Amistad, 2007.

Obama, Barack. *La audacia de la esperanza: Reflexiones sobre cómo restaurar el sueño americano*. Nueva York: Vintage Español, 2007.

———. *Los sueños de mi padre: Una historia de raza y herencia*. Nueva York: Random House Spanish, 2009.

Steele, Shelby. *A Bound Man: Why We Are Excited About Obama and Why He Can't Win*. Nueva York: Free Press, 2008.

Wallis, Jim. *The Great Awakening: Reviving Faith & Politics in a Post-Religious Right America*. Nueva York: HarperCollins, 2008.

Wilson, John K. *Barack Obama: This Improbable Quest*. Boulder: Paradigm, 2007.

Acerca del autor

STEPHEN MANSFIELD ES AUTOR DE ÉXITOS DE LIBRERÍA DEL *NEW YORK Times*, entre los que se encuentran *La fe de George W. Bush, The Faith of the American Soldier, Then Darkness Fled: The Liberating Wisdom of Booker T. Washington* y *Never Give In: The Extraordinary Character of Winston Churchill*, entre otras obras de historia y biografía. Es fundador de The Mansfield Group, una firma de investigación y comunicaciones y de Chartwell Literary Group, que crea y se ocupa de proyectos literarios. Stephen también es muy buscado como disertante y orador de temas de inspiración. Para más información, visite www.MansfieldGroup.com.

Índice

Números en cursivas indican páginas con ilustraciones

ÍNDICE